仓储仿真模拟实验教程

主　编　周永军
副主编　李晓龙

中国财富出版社

图书在版编目（CIP）数据

仓储仿真模拟实验教程／周永军主编．—北京：中国财富出版社，2017.8

ISBN 978 - 7 - 5047 - 6555 - 0

Ⅰ.①仓…　　Ⅱ.①周…　　Ⅲ.①仓储—系统仿真—模拟实验—教材　　Ⅳ.①F25

中国版本图书馆 CIP 数据核字（2017）第 208785 号

策划编辑　寇俊玲	**责任编辑**　谷秀莉		
责任印制　梁　凡	**责任校对**　杨小静		**责任发行**　王新业

出版发行	中国财富出版社		
社　　址	北京市丰台区南四环西路 188 号 5 区20 楼	**邮政编码**	100070
电　　话	010 - 52227588 转 2048/2028（发行部）	010 - 52227588 转 321（总编室）	
	010 - 68589540（读者服务部）	010 - 52227588 转 305（质检部）	
网　　址	http://www.cfpress.com.cn		
经　　销	新华书店		
印　　刷	北京京都六环印刷厂		
书　　号	ISBN 978 - 7 - 5047 - 6555 - 0/F · 2801		
开　　本	787mm×1092mm 1/16	**版　次**	2018 年 8 月第 1 版
印　　张	16.5	**印　次**	2018 年 8 月第 1 次印刷
字　　数	381 千字	**定　价**	46.00 元

前　言

现代企业的仓库已成为企业的物流中心。仓库曾经被看成一个无附加值的成本中心，而现在其不仅被看成形成附加值过程中的一部分，而且被看成企业成功经营中的一个关键因素。因此，对于企业来说，仓储管理的意义重大。在新经济新竞争形势下，企业在注重效益、不断挖掘与开发自身竞争能力的同时，已经越来越重视仓储管理。精准的仓储管理能够有效控制、降低流通和库存成本，是企业保持优势的关键助力与保证。与此同时，这对高等院校的物流专业教学提出了更高的要求。仓储管理涉及的相关设备、软件成本昂贵，设立真实的仿真场景往往成本极高，实践操作还会给教师的教学带来极高的风险。为此，我们编写本书，希望能搭建起理论与实践沟通的桥梁，使学生通过在模拟软件环境中的角色扮演，了解仓储管理各个基本环节的操作与管理，掌握叉车、堆码、拣选、入库、出库、补货等基本流程，了解仓储管理岗位上需要的技能，掌握仓储设备的基本操作方法，培养设计仓储布局的能力，提高学生的仓储安全意识，目的是通过实践与理论的结合，深化学生对现代物流企业的理解，提高学生的物流管理水平和操作能力。

本书以物流企业仓储设备的操作作为模拟实验设计的背景，使学生在熟悉物流企业仓储相关设备的基础上深入了解物流企业仓储管理的相关业务，对仓储管理的相关业务进行虚拟仿真并以仓储规划布局和仓储安全模拟实验带动学生学习由局部到整体的仓储管理方面的知识，通过学习模拟实际的仓储管理活动，将各个理论要点和技能应用融会贯通，达到物流管理专业教学中理论与实际相结合的目的。

本书内容具体包括 12 章：第 1 章介绍了本书使用的仓储模拟仿真软件概况及各个软件系统的特点与功能；第 2 章介绍了仓储设备的相关背景知识并设计了模拟实验；第 3 章介绍了叉车操作的相关背景知识并设计了模拟实验；第 4 章介绍了堆码操作的相关背景知识并设计了模拟实验；第 5 章介绍了拣选操作的相关背景知识并设计了模拟实验；第 6 章介绍了入库作业的相关背景知识并设计了模拟实验；第 7 章介绍了发货作业的相关背景知识并设计了模拟实验；第 8 章介绍了散货拣选操作的相关背景知识并设计了模拟实验；第 9 章介绍了补货作业的相关背景知识并设计了模拟实验；第 10 章介绍了仓库布局的相关背景知识并设计了模拟实验；第 11 章介绍了仓储安全的相关背景知识并设计了模拟实验；第 12 章介绍了空港物流的相关背景知识并设计了模拟实验。本书第 2 至第 12 章在内容安排上，设置有背景知识、实验目的、实验内容、思考题和本章小结等栏目。

本书的主要特色可以概括为以下 3 个方面：

（1）涵盖物流仓储管理主要功能要素，实验贴近物流企业仓储管理的操作实际。本书由物流仓储设备的操作模拟开始，逐步深入，有助于学生了解仓储管理的相关业务，熟悉物流企业的仓储管理业务，将仓储管理的主要功能要素集中体现在仿真模拟实验的操作过程中，使学生既能从功能要素角度深入理解设备操作、入库、出库等作业流程，又能从企业经营整体角度学习仓储布局和仓储安全的相关知识。

（2）实验设计突出仓储仿真模拟关键环节，内容丰富，实际操作性强。本书遵循物流仓储管理的实验流程，实验设计突出物流仓储设备操作的关键环节，对叉车、堆码、拣选、入库、出库、补货等业务流程进行模拟仿真，挖掘理论与实践结合紧密的仓储布局与仓储安全管理内容，强化了模拟仿真实验的可操作性。

（3）注重实验知识背景阐述，突出知识性与技能性的结合。本书不仅强调对学生操作技能的培养，还力求使学生灵活运用仓储管理知识，拓展学生的思考能力。为此，本书在每个实验前都安排了知识背景的详细介绍，在实验后要求学生通过独立思考把理论知识和操作技能结合起来，体现在实验报告中。

本书第 2 至第 12 章由天津财经大学商学院周永军独立编写，第 1 章由天津财经大学商学院李晓龙、周永军合作编写，全书由周永军统稿和审定。本书的编写工作得到了天津财经大学徐志伟副教授的鼎力支持，在此表示衷心的感谢。北京络捷斯特科技发展股份有限公司对本书的编写工作给予了大力支持，书中所用软件系北京络捷斯特科技发展股份有限公司版权所有，侵权必究。中国财富出版社各位编辑为本书提出了很多有益的建议，在此向他们表达深深的谢意！

由于编者水平有限，错漏之处在所难免，殷切希望读者批评、指正。

说明：本书系配合电脑操作系统学习的教材，故书中针对彩色图片和动画的图片描述在书中黑白图片上并不能一一对应，请参照系统彩色图片配合学习。

编 者

2017 年 5 月

目 录

1 仓储仿真模拟实训系统介绍

1.1 3D 仓储管理系统

3D 仓储实训系统采用 3D 虚拟现实技术，再现仓储作业的真实业务场景及动作，实现前所未有的现场实操体验。

（1）系统能够体现仓储系统作业环节的各主要功能及场景，包括收货缓冲区、发货缓冲区、托盘货架区、立体仓库区、电子拣选区、多功能平堆区、办公区及叉车充电区等场景。

（2）系统能够实现仓储系统各作业环节的真实模拟，包括收货理货操作、搬运操作、上架操作、下架操作、补货下架操作、补货上架操作及出库理货操作等。

（3）系统能够与专业仓储管理软件无缝对接，实现多种作业过程的交互模拟，包括接单、入库、出库、补货及拣选等作业流程。

（4）系统能够支持多种作业方式，包括基于手持的条码化作业、基于立库的自动化作业和基于电子拣选的作业流程。

（5）系统能够支持多岗位联合互动作业，如 A 学生扮演入库理货岗、B 学生扮演叉车司机岗，实现整个入库的收货理货和搬运上架。

1.1.1 系统配置

（1）运行软件前，必须有配套的络捷斯特 3D 版本第三方物流软件平台，需先安装 3D 版本第三方物流软件平台并导入第三方的平台数据，然后将配置文件 3DPropert. ini 放到 C 盘根目录（注意，不能用普通版本的第三方物流软件作为 3D 仓储后台系统）。

（2）用记事本打开 3DPropert. ini，把 IP 地址和端口号改为第三方服务器的 IP 地址和端口。

（3）如果第三方平台安装在本地电脑上，则 IP 地址为 "127.0.0.1"；如果安装在其他服务器上，请连接网络，将 IP 地址改为服务器的 IP 地址。

（4）运行软件，最佳分辨率：1280 像素 ×768 像素。

1.1.2 硬件外部设备

系统支持通过硬件外部设备来驾驶叉车，提供更加逼真的操作体验。目前支持通过罗技 G27 方向盘来操作，更多型号的外部设备支持会陆续添加。

连接 G27 方向盘到电脑 USB 接口并安装外部设备的驱动程序以后，重新运行 3D 仓储系统就可以使用了。叉车方向盘与叉车动作的对应关系如图 1 - 1 所示，叉车踏板与叉车动作的对应关系如图 1 - 2 所示。

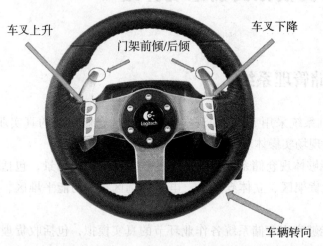

图 1 - 1　叉车方向盘与叉车动作对应关系示意

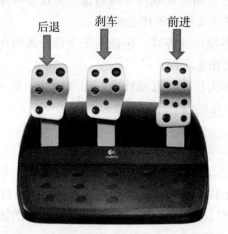

图 1 - 2　叉车踏板与叉车动作对应关系示意

1.2　3D 仓储布局实训系统

3D 仓储布局实训系统采用 3D 虚拟现实技术搭建了未曾布局的仓库场景，用户根据案例信息获取仓库场景的基本数据后，在场景中进行仓库平面设计，并根据平面设计的结果进行货架和设施设备的摆放，最终使仓库处于待运行状态。整个过程犹如在现实世界中进行，用户可以看到自己的每一步设计在场景中所引起的变化。

1.2.1　软件主要功能

1. 仓库平面布局设计功能

系统按照实际仓库可能涉及的区域模块设置了入库理货区（收货暂存区）、出库理货区（发货暂存区）、立体库区、重型货架区、轻型货架区、电子拣选区、复核区、质检区、退货区、设备暂存区（设备存放区）、包装加工区（流通加工区）、周转暂存区（缓冲区）等仓库的功能及操作区域，并且可以实时显示区域的尺寸，充分满足仓库平面设计的需要。

2. 仓库货架及设施设备的摆放功能

系统按照系统仓库面积与实际仓库面积的大小比例，同比例建模制作了流利货架、重型货架、轻型货架等多种货架单元和设备模型，用户可以根据设备在场景中的摆放验证所设计的仓库区域是否合理。

3. 不同难度级别的内置案例

系统根据用户对学习要求的不同设置了不同的难度级别，以便用户在初学仓库布局、深入研究仓库等不同的学习阶段都可以找到对应难度级别的案例进行实际练习，提高学习效果。

1.2.2　系统配置

要流畅运行软件，系统的硬件配置应该达到如下要求：

（1）CPU：2.5GHz 主频。

（2）内存：2GB 以上。

（3）显卡：Nvidia 450 以上或 ATI 4750 以上独立显卡，512MB 以上显存。

（4）硬盘：300MB 以上剩余空间。

1.3　3D 仓储安全实训系统

3D 仓储安全实训系统整体采用"严肃游戏"的模式，通过"严肃游戏"让参与者进入一个 3D 环境，犹如进入虚拟的现实世界。在游戏的场景中，包含大量与仓储安全相关的知识点，通过任务驱动的模式，让用户以完成任务的方式学习知识点，整个任务的交互方式设计趋于游戏化，提高了用户操作的积极性，改善了传统的填鸭式被动教学方式，让用户自主学习，去发现场景中的知识点，提高了培训质量。仓储安全系统的构建，力求通过仿真教学方法，增强安全、规范作业意识，提高物流人员的职业素养，增强学员岗前职业技能。

1.3.1　软件主要功能

系统根据物流仓储类型企业的安全作业规范要求，划分为 4 个学习方向，即人员安全、设备安全、环境安全、货物安全四大类，结合企业实际作业规范要求，设置安全知识点 142 个、交互任务 20 余个，全方位覆盖普通货物、危化品货物的仓储安全要求。

1. 人员安全

人员是物流安全中非常重要的一项内容，体现了以人为本的思想。但是，目前在物流过程中，对人员安全的重视还远远不够，很多人员安全隐患细节没有得到充分重视。

2. 设备安全

物流过程中要用到各种各样的设备，如储存设备、装卸搬运设备、运输设备等，而且物流设备成本占据了物流成本中很大的比例，因此，设备的安全也是物流安全的一项重要内容。

3. 环境安全

目前，物流过程中以资源浪费和对环境造成危害的粗放型物流经营方式居多，绿色物流的理念越来越受到社会各界的关注，物流中的环境安全也日益成为一项重要的物流安全内容。

4. 货物安全

物流过程是为了实现物品的实体流动，因此，货物的安全自然也贯穿于物流安全的始终。

四大分类，共 142 个知识点，包含了物流仓储类型企业的安全作业规范要求，特别是对仓库安全的要求，如"仓库十二防"——防火、防锈、防水、防火、防蛀、防盗、防电、防爆、防晒、防潮、防倒塌、防变形。防火，所有火源不允许带进库房；防水，仓库墙体和屋顶必须防水，窗口必须向外开，仓库周围需有排水沟；防变形，货品的堆放需要放入货架。货品的堆高有一定要求，堆高高度不能超过最高限制高度等。

系统具备安全评估的功能，允许学员在完成任务的过程中犯错误，系统会相应给出错误警告，这在考核模式中算作考核成绩的一个依据。

系统具备多视角漫游功能，使用第三人称漫游方式能够开展仓库布局、库内设施设备认知教学。

系统提供按照真实物流园区仓库建模的仓库内部结构。外界环境场景布置按照真实情况进行了 3D 模拟。系统内部提供 1：1 比例建模的货架、托盘货架、设备、叉车、堆高车、地牛等设备，使用现代仓库内部布局结构模型等。

交互式教学任务模式，使用角色扮演类游戏的任务模式来进行知识点的学习，所有任务必须由学生自主操作完成，而并非简单演示，以加深学生对知识点的理解。

3D 仓储安全实训系统主界面如图 1-3 所示。

在主界面可以选择两种实训模式。

图 1-3　"3D 仓储安全实训系统"主界面

1. 训练模式

选择训练模式后，系统会先加载界面，完成加载后，便可进入训练模式场景。

以第三人称控制类游戏的方式进入场景，在系统指引下，用户可完成所有与仓储安全相关的实训任务和理论知识的学习。

2. 考核模式

选择考核模式后，系统进入登录界面，目前默认使用 admin 账户登录，单击【登录】按钮，便可进入考核模式场景，由用户操作完成所有任务，并对操作及理论知识进行考评，计入成绩。

1.3.2　系统配置

该软件为单机版，运行软件前，只需要将程序安装到电脑本地磁盘，运行"仓储安全.exe"即可。

（1）运行平台：Windows 7、Windows 8、Windows XP。

（2）最佳分辨率：1280 像素×720 像素。

1.4　空港物流 3D 虚拟仿真系统

1.4.1　配置系统

该软件为单机版，运行软件前，只需要将程序安装到电脑本地磁盘，单击"空港物流 3D 虚拟仿真系统.exe"即可。

计算机配置要求：最低内存 2GB，硬盘 40GB 以上，显示器和显卡必须支持 1280 像素×720 像素分辨率。

1.4.2 系统界面

系统主界面如图1-4所示。

图1-4 空港物流系统主界面

单击悬浮于界面底部的3D产品推荐区域,单击【登录】按钮进入任务选择界面,如图1-5所示。

图1-5 任务选择界面

本章小结

　　本章介绍了物流模拟仿真软件的概况、3D 仓储管理系统的功能与配置、3D 仓储布局实训系统、3D 仓储安全实训系统、空港物流 3D 虚拟仿真系统。通过本章的学习，学生能加深对物流仓储模拟仿真软件系统的认识与了解。

2　仓储仿真模拟设备介绍

2.1　背景介绍

2.1.1　仓储设备的概念

仓储设备是指能够满足储藏和保管物品需要的技术装置和机具，但并非仅指以房屋、有锁之门等为外在表征的设备，具体可分为装卸搬运设备和保管设备、计量设备、养护检验设备、通风照明设备、消防安全设备、劳动防护设备及其他用途设备和工具等。仓储设备是仓储与物流技术水平高低的主要标志，现代仓储设备体现了现代仓储与物流技术的发展。中国的仓储设备现代化、自动化程度较高，其特点主要表现为以下几个方面：

（1）设备的社会化程度越来越高，设备结构越来越复杂，并且从设备研究、设计到生产直至报废，各环节之间相互依赖、相互制约。

（2）设备出现了"四化"趋势，即连续化、大型化、高速化、电子化，提高了生产率。

（3）能源密集型的设备居多，能源消耗大；同时，现代设备投资和使用费用十分昂贵，属资金密集型，因而提高管理的经济效益对物流企业来说非常重要。

2.1.2　仓储设备的分类

1. 按作业性质分类

按装卸及搬运两种作业性质不同，仓储设备可分为装卸机械、搬运机械及装卸搬运机械3类。

在这个领域中，有些机械功能比较单一，只能满足装卸或搬运一种功能，这种单一作业功能的机械有很大的优点，即机械结构较简单，多余功能较少，专业化作业能力强，因而作业效率高，作业成本较低，但存在使用上受局限的缺点。有时候，从这种机械的单独操作来看效率确实很高，但由于其功能单一，作业前后需要很烦琐的衔接，便降低了系统的效率。单一装卸功能的机械种类不多，其中手动葫芦最为典型，固定式吊车如卡车吊、悬臂吊等虽然也有一定的移动半径，也有一些搬运效果，但基本上还是被看成单一功能的装卸机具。单一功能的搬运机具种类较多，如各种搬运车、手推车及斗式输送机、刮板式输送机之外的各种输送机等。物流领域很注重装卸、搬运两功能兼具的机具，这种机具可将两种作业操作合二为一，因而有较好的系统效果。属于这类机具的最主要的有叉车、港口中用的跨运车、车站用的龙门吊及气力装卸输送设备等。

2. 按机具工作原理分类

按装卸搬运机具的工作原理，可将其分为叉车类、吊车类、输送机类、作业车类和管道输送设备类。

（1）叉车类，包括各种通用和专用叉车。

（2）吊车类，包括门式、桥式、履带式、汽车式、岸壁式、巷道式等各种吊车。

（3）输送机类，包括辊式、轮式、皮带式、链式、悬挂式等各种输送机。

（4）作业车类，包括手车、手推车、搬运车、无人搬运车、台车等各种作业车辆。

（5）管道输送设备类，包括液体、粉体装卸搬运一体化的以泵、管道为主体的一类设备。

3. 按有无动力分类

按有无动力分类，可将装卸搬运机具分为以下 3 类：

（1）重力式装卸输送机：辊式、滚轮式等输送机属于此类。

（2）动力式装卸搬运机具：有内燃式及电动式两种，大多数装卸搬运机具属于此类。

（3）人力式装卸搬运机具：用人力操作作业，主要是小型机具和手动叉车、手车、手推车、手动升降平台等。

2.1.3　仓储保管设备

仓储保管设备是仓库保管商品的主要设备，对于在库商品质量的维护有着重要的作用。在各种类型的仓库中，保管设备都是不可缺少的，且数量很大。

仓库的保管设备根据其在商品在库期间在保管、养护中所起的作用，可分为苫垫用品、存货用具、计量设备、养护检验设备、通风保暖照明设备、消防安全设备、劳动防护设备及其他用途设备和工具等。

1. 苫垫用品

苫垫用品起遮挡雨水、隔潮和通风等作用，包括苫布（油布、塑料布等）、苫席、枕木、石条等。苫布、苫席用在露天堆场。

2. 存货用具

存货用具包括各种类型的货架、货橱。

（1）货架

货架为存放货物的敞开式格架。根据仓库内布置方式的不同，货架可采用组合式或整体焊接式两种。整体式的制造成本较高，不便于货架的组合变化，因此较少采用。货架在批发、零售量大的仓库，特别是立体仓库中起到很大的作用，它便于货物的进出，又能提高仓库容积利用率。

在现代化仓库管理中，商品保管的主要设备是货架。

货架是现代化仓库提高效率的重要工具，随着经济的飞跃发展，外资企业大量涌进我国长江三角洲、珠江三角洲一带，不仅带动了当地经济的发展，还带来了新的管理理念和管理技术。目前企业仓储库房所用到的货架种类越来越趋向于自动化、智能化。

货架在现代物流活动中起着相当重要的作用，仓库管理现代化的实现，与货架的种类、功能有直接的关系。货架的作用及功能：货架是一种架式结构物，可充分利用仓库空间，提高库容利用率，扩大仓库储存能力；存入货架的货物，互不挤压，物资损耗小，可完整保证物资本身的功能，减少货物的损失；货架中的货物，存取方便，便于清点及计量，可做到先进先出；保证存储货物的质量，可以采取防潮、防尘、防盗、防破坏等措施，以提高物资存储质量；很多新型货架的结构及功能有利于实现仓库的机械化及自动化管理。

储存货品的空间谓之保管空间，此空间表面上虽为储物之用，但实际上为货品采购运销配送之中继站，因此，保管区域已成为货品储运之中心枢纽。保管空间的有效利用，已成为管理者和物流中心业者努力改善的重要课题。

利用货架可以把商品布置得井井有条，使顾客一目了然，从而把商品信息最快地传递给顾客，通过商品的感性展示，激发并加强顾客购买的决心；此外，货架还是售货员向顾客提供高水准服务的基本经营设施。不论是柜式货架、橱式货架，还是箱式货架、吊杆货架等，都是用来放置不同的商品，方便顾客进行挑选的。一组一组的货架，分隔出销售的不同品种，组成售货的班组，使顾客一走进商店营业厅就能顺着货架构成的通道网看到商店经营的琳琅满目的商品，商店的销售服务都是在货架前与顾客直接完成的。

（2）货橱

货橱是存放货物的封闭式格架。货橱主要用于存放比较贵重或需要特别养护的商品。

3. 计量设备

计量设备用于商品进出时的计量、点数，以及货存期间的盘点、检查等，如地秤、轨道衡、电子秤、电子计数器、流量仪、皮带秤、天平仪及较原始的磅秤、卷尺等。随着仓储管理现代化水平的提高，现代化的自动计量设备将会得到更广泛的应用。

仓库中最常用的计量装置以重量计量装置为多；流体容积计量装置，用在特殊专用场合，属于专用计量装置；长度计量装置，用于钢材、木材等尺寸计检，进一步换算为重量或容积，在有限场合使用。

（1）特点

仓库中应用的各种计量设备，都必须具有以下特点：

①稳定性。计量设备的计量感应部分在受力后会离开平衡位置，而在所受力撤销以后能够回到原来位置，这一特点称为稳定性。

②灵敏性。灵敏性即计量装置的灵敏度，指计量装置能感应到的最小荷重变化。

③正确性。正确性指计量装置每次对不同物品的计量结果应该在误差所允许的范围内。

④不变性。不变性指对同一物体连续称重每次所计量的结果应该在误差所允许的范围内。

（2）分类

计量设备是利用机械原理或电测原理确定物质物理量大小的设备。仓库中使用的计量设备种类很多，可以从计量方法角度对其进行分类。

①质量计量设备。质量计量设备是仓库中最常用到的计量设备，包括各种磅秤、地下衡及轨道衡、电子秤等。

• 地磅：设置在地面上的大磅秤，通常用来称卡车的载货吨数。地磅也被称为汽车衡，是厂矿、商家等用于大宗货物计量的主要称重设备。

• 皮带秤：对放置在皮带上并随皮带连续通过的松散物料进行自动称量的衡器，主要分类有 ICS 皮带秤、配料皮带秤、ICS – ST 矿用皮带秤、高精度矩阵式皮带秤。

• 轨道衡：称量铁路货车载重的衡器。轨道衡分静态轨道衡、动态轨道衡和轻型轨道衡 3 种，广泛用于工厂、矿山、冶金、外贸和铁路部门对货车散装货物的称量。

• 电子计数器：利用数字电路技术数出给定时间内所通过的脉冲数并显示计数结果的数字化仪器。电子计数器是其他数字化仪器的基础。

②流体容积计量设备。流体容积计量设备包括流量计、液面液位计等。

③长度计量设备。长度计量设备包括检尺器、自动长度计量仪等。

④个数计量设备。个数计量设备包括自动计数器及自动计数显示设备等。

4. 养护检验设备

养护检验设备是指商品进入仓库验收和在库内保管测试、化验及防止商品变质、失效的机具、仪器，如温度仪、测潮仪、吸潮器、烘干箱、风幕机（设在库门处，以隔内外温差）、空气调节器、商品质量化验仪器等。在规模较大的仓库中，这类设备使用较多。

（1）温度仪

温度仪是一种应用 K 型热电偶测量温度的仪器。

（2）除湿机

除湿机可以改善和解决室内湿度高这一问题，除湿机针对潮湿的环境能有效地除湿干燥，以满足各行业用户对空气环境的需求。

（3）风幕机

风幕机通过高速电机带动贯流或离心风轮产生强大气流，形成一面无形的"门帘"，因此，亦称风帘机、空气幕、空气风幕机、风闸、空气门。

风幕机具有以下作用：

①防止冷（暖）气外流，节省用电。风幕机持续形成的空气门，将室内外分成两个独立的温度区域，能有效防止冷（暖）气外泄，在空调机长时间运转时，辅助循环

调节温度，有节约能源、改善环境的作用。

②防尘、防虫。风幕机产生高速气流，形成一道保护门，能有效阻挡室外灰尘及飞虫，保持室内清洁。

③防烟及有害气体。风幕机的空气循环系统能令室内各角落强力阻隔油烟的飘散及工业废气、汽车尾气等有害气体进入室内。

5. 通风照明设备

通风照明设备根据商品保管和仓储作业需要而设。

（1）通风设备

通风设备分为工业通风设备、家用通风设备两种，是用机械或自然的方法向室内空间送入足够新鲜的空气，同时把室内不符合卫生要求的污浊空气排出，使室内空气满足卫生要求和生产过程需要。建筑中完成通风工作的各项设施统称通风设备。通风按照范围可分为全面通风和局部通风。全面通风也称稀释通风，它是对整个空间进行换气；局部通风是在污染物的产生地点直接把被污染的空气收集起来排至室外，或者直接向局部空间供给新鲜空气。局部通风具有通风效果好、节省风量等优点。

（2）照明设备

照明设备是对具有不同的输出功率、工作原理、使用环境和使用效能的照明节电类设备的总称，其具有启动（全压、软起）、调节电压、节能运行、稳压运行、供电谐波滤波、浪涌电流吸收、自动起停控制和运行状态监测等功能。

6. 消防安全设备

这是仓库必不可少的设备。它包括警报器、消防车、手动抽水器、水枪、消防水源、沙土箱、消防云梯等。

（1）警报器

警报器指发放警报信号的器具，用于发放预报、警报和解除警报的信号。根据发射机与接收机设置的位置不同，分对向型安装方式和反射型安装方式两种，反射型安装方式的接收机不直接接收发射机发出的红外光束，而是接收由反射镜或适当的反射物（如石灰墙、门板表面光滑的油漆层）反射回的红外光束。当反射面的位置与方向发生变化或红外发射光束和反射光束之一被阻挡而使接收机无法接收到红外反射光束时，发出报警信号。

（2）消防水源

消防水源是指开展消防工作时所需要的水源，一般有天然水源和人工水源两种。

（3）云梯消防车

云梯消防车设有液压升高平台，供消防人员登高扑救高层建筑、高大设施、油罐等火灾，营救被困人员，抢救贵重物资及完成其他救援任务。车上设有伸缩式云梯，可带有升降斗转台及灭火装置，供消防人员登高灭火和营救被困人员，适用于高层建筑火灾的扑救。

7. 劳动防护设备

用于确保仓库职工在作业中的人身安全。

8. 其他用途设备和工具

在仓库设备的具体管理中，应根据仓库规模的大小恰当分类。

2.1.4　仓储设备的作用

仓储设备是构成仓储系统的重要组成因素，担负着仓储作业的各项任务，影响着仓储活动的每一个环节，在仓储活动中有十分重要的作用。离开仓储设备，仓储系统就无法运行或服务水平及运行效率就可能极其低下。

1. 仓储设备是提高仓储系统效率的主要手段

一个完善的仓储系统离不开现代仓储设备的应用。许多新的仓储设备的研制开发，为现代仓储的发展做出了积极的贡献。实践证明，先进的仓储设备和先进的仓储管理是提高仓储能力、推动现代仓储迅速发展的"两个车轮"，二者缺一不可。

2. 仓储设备是反映仓储系统水平的主要标志

仓储设备与仓储活动密切相关，在整个仓储活动的过程中伴随着存储保管、存期控制、数量管理、质量养护等功能作业环节及其他辅助作业，高效完成这些作业需要不同的仓储设备。因此，仓储设备直接关系到仓储活动各项功能的完善和有效实现，决定着物流系统的技术含量。

3. 仓储设备是构筑仓储系统的主要成本因素

现代仓储设备是资金密集型的社会财富。现代仓储设备购置投资相当可观。同时，为了维持系统的正常运转，发挥设备效能，还需要继续不断地投入大量的资金。仓储设备的费用对系统的投入产出分析有着重要的影响。①

2.2　实训目的与要求

（1）将虚拟的物流装备呈现到学生面前，结合知识点、交互画面辅助学生学习。
（2）掌握物流设备的性能、使用环境及操作方法，达到游戏化教学的目的。
（3）全面掌握物流设备，最大程度地践行理论与实践一体化教学模式。

2.3　实训内容与步骤

打开"3D物流设备体验馆"系统软件，首先是片头动画，界面显示"3D物流设备体验馆"和制作单位，如图2-1所示。

登录界面如图2-2所示。输入用户名：admin；密码：admin；单击【登录】按钮进入系统。

登录成功后出现如图2-3所示的模块菜单选择界面。

① 陈建平. 仓储设备使用与维护[M]. 北京：机械工业出版社，2011.

图 2-1 "3D 物流设备体验馆"欢迎界面

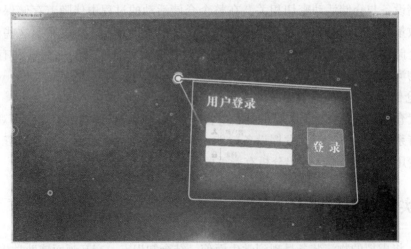

图 2-2 "3D 物流设备体验馆"登录界面

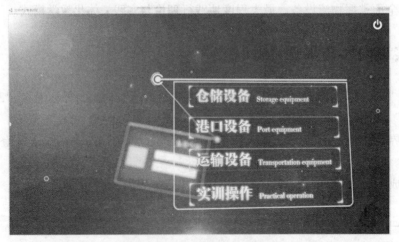

图 2-3 模块菜单选择界面

1. 仓储设备展示界面

选择模块菜单选择界面的【仓储设备】，进入如图2-4所示的仓储设备展示主界面。

图2-4 仓储设备展示主界面

主界面的左上角是对仓储设备的4个划分：装卸设备、货架和流通加工设备、立体仓库和分拣输送设备、存储单元。选择相应的设备，在场景中央会生成相对应的卡牌，呈环状排列，用户可用鼠标滑动屏幕来旋转场景中的卡牌，单击某个设备卡牌即可进入此设备的3D展示场景。

在这里我们以电动托盘搬运车（电动地牛）为例进行说明，如图2-5所示。

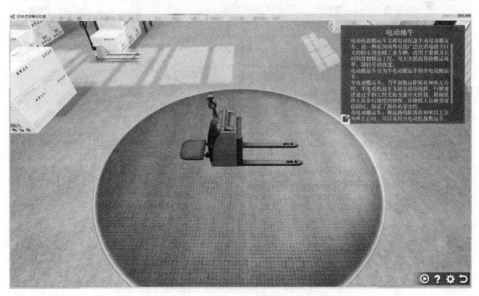

图2-5 电动托盘搬运车展示界面

　　鼠标滑动可以变换视角观察物体，右上角是该设备的详细介绍面板，右下角有4个按钮。

　　▶为【演示动画】按钮，若选择的工具有演示动画的功能，单击此按钮就会出现演示动画的场景，如图2-6所示。

图2-6　电动托盘搬运车动画演示

　　单击视频上的【关闭】按钮，关闭演示动画。

　　?为【帮助】按钮，单击此按钮会弹出"操作说明"对话框，如图2-7所示。

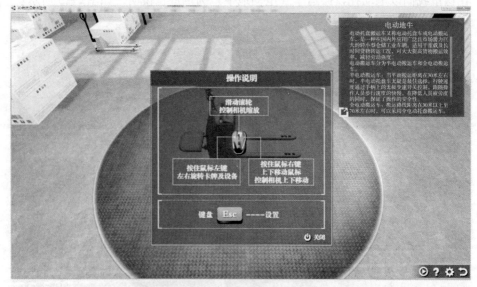

图2-7　"操作说明"对话框

✿为【设置】按钮，单击此按钮可打开相应的界面，在界面中可以设置声音和字体，包括字体类型、字体大小、字体样式和字体颜色等，如图2-8所示。

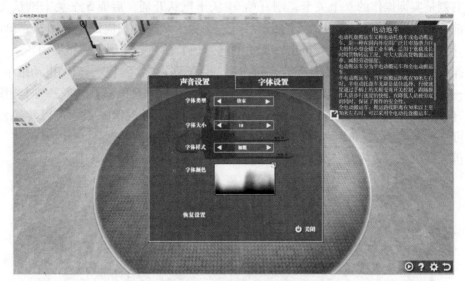

图2-8 声音及字体设置界面

↻为【返回】按钮，单击此按钮可以返回到上一个界面，从而继续学习其他设备。

2. 实训操作界面

选择模块菜单选择界面的【实训操作】，进入如图2-9所示的实训操作主界面。"实训操作"主界面分为左侧和右侧两个部分。

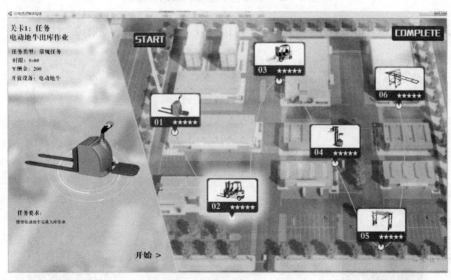

图2-9 "实训操作"主界面

左侧是对每个关卡的任务名、任务类型、时限、酬金、用到的工具及任务要求等的具体说明。

右侧是实训操作的 6 个关卡，刚开始 01 关卡默认开通，后面 5 个关卡默认关闭，只有前一个关卡操作顺利完成，才会开启下一个关卡。选择相应的关卡图标，单击左侧的【开始】按钮开始游戏，单击右下角的【返回】按钮返回到上一级界面。

操作按键说明（这里的数字键是主键盘上的，下同）：数字 1——启动电动地牛；数字 2——关闭电动地牛；数字 3——升高叉子；数字 4——降低叉子；W——向前移动；S——向后移动；A——向左转弯；D——向右转弯。按下并且滑动鼠标可以转换视角，滚轮可以扩大和缩放视角距离。

进入系统后，首先是一个货车进到仓库门口的界面，如图 2 - 10 所示。

图 2 - 10　货车进到仓库门口的界面

动画结束后，界面出现手持扫码设备，可以进行入库扫码操作，如图 2 - 11 所示。

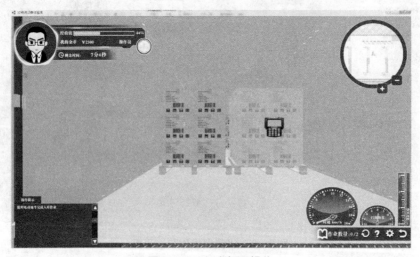

图 2 - 11　入库扫码操作

　　扫描货物，出现扫码成功界面，如图 2 – 12 所示。此时扫码设备中出现【查看】和【关闭】两个按钮，单击【查看】按钮可查看相关信息；单击【关闭】按钮则关闭手持终端界面。

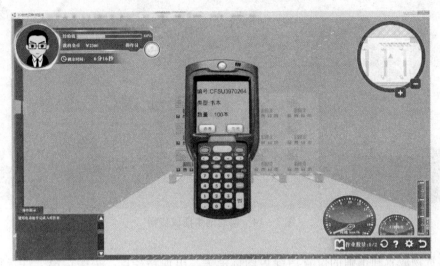

图 2 – 12　扫码成功界面

　　然后摄像机切换到人物的画面，沿着地上图标显示的路径，电动地牛触碰到图标后会触发下一个路径图标，如图 2 – 13 所示，直到最后进入货车车厢。

图 2 – 13　电动地牛向前行进操作

　　出现需要搬运的货物，将电动地牛货叉插入货堆，再按 3 键抬高叉子，沿着地上路径行走，直到最后出现绿色的区域即箱子需要放置的区域，如图 2 – 14 所示，将货物放置到正确位置。

图 2 – 14 电动地牛插取货物

将货物放置到正确的位置后绿色图标消失，出现路径点，去搬运第二件货物，操作方式与前相同，如图 2 – 15 所示。

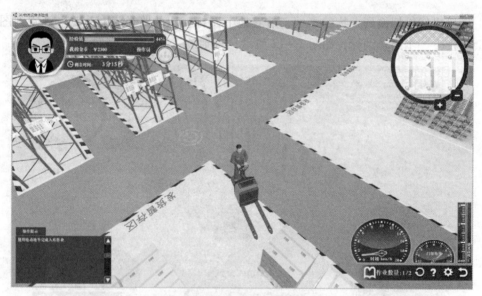

图 2 – 15 电动地牛插取下件货物

界面左上角显示的是经验值、我的金币和剩余时间，右下角图标显示的是时速、门架角度和货叉高度，界面右下角的 4 个按钮中的后 3 个和电动托盘搬运车模块中的作用是相同的，左数第一个按钮是用来将设备恢复到原来的位置的。

如果在有限时间范围内没完成任务，则时间到达后就会弹出任务失败的界面，如图 2 –16 所示。

图 2 – 16　任务失败的界面

选择【继续挑战此关卡】重新开始任务，直至完成任务。

2.4　思考题

1. 简述仓库中有哪些仓储设备。
2. 通过本章的学习，简述电动托盘搬运车的主要操作流程。

本章小结

本章介绍了仓储设备的相关背景知识并设计了关于仓储设备模拟的实验，通过本章的学习，学生对仓储设备能有直观的了解和认识。

3 叉车操作仿真模拟实训

3.1 背景介绍

3.1.1 叉车的概念

叉车是工业搬运车辆，是指对成件托盘货物进行装卸、堆垛和短距离运输作业的各种轮式搬运车辆。

工业搬运车辆广泛应用于港口、车站、机场、货场、工厂车间、仓库、流通中心和配送中心等，在船舱、车厢和集装箱内进行托盘货物的装卸、搬运作业。工业搬运车辆是托盘运输、集装箱运输中必不可少的设备。

叉车在企业的物流系统中扮演着非常重要的角色，是物料搬运设备中的主力军。第二次世界大战期间，叉车得到发展。中国在20世纪50年代初开始制造叉车。随着中国经济的快速发展，大部分企业的物料搬运已经脱离了原始的人力搬运，取而代之的是以叉车为主的机械化搬运。因此，中国叉车市场的需求量较高。

市场上可供选择的叉车品牌众多，车型复杂，加之产品本身技术强并且非常专业，因此，车型的选择、供应商的选择等是很多选购企业经常面临的问题。下面着重从车型选择、品牌选择、性能评判标准和我国叉车国外市场贡献率等方面进行介绍。

国务院颁布的《特种设备安全监察条例》第38条规定："锅炉、压力容器、电梯、起重机械、客运索道、大型游乐设施、场（厂）内专用机动车辆的作业人员及其相关管理人员，应当按照国家有关规定经特种设备安全监督管理部门考核合格，取得国家统一格式的特种作业人员证书，方可从事相应的作业或者管理工作。"

3.1.2 专用术语

1. 额定起重量

额定起重量指货叉上的货物重心位于规定的载荷中心距上时叉车应能举升的最大重量（单位：kg）。

2. 载荷中心距

载荷中心距指货物重心到货叉垂直段前壁的水平距离（单位：mm）。

国家规定：Q（载重量）$<1t$ 时为 400mm；$1t \leqslant Q < 5t$ 时为 500mm；$5t \leqslant Q \leqslant 10t$ 时为 600mm；$12t \leqslant Q \leqslant 18t$ 时为 900mm；$20t \leqslant Q \leqslant 42t$ 时为 1250mm。

3. 最大起升高度

最大起升高度指叉车位于水平坚实地面，门架垂直放置且承受有额定起重量货物时，货叉所能起升的最大高度——货叉上平面至地面的垂直距离。

4. 自由起升高度

自由起升高度指在门架高度不变的情况下货叉所能离地的最大高度。

5. 最小转弯半径

最小转弯半径指将叉车的转向轮转至极限位置，并以最低稳定速度做转弯运动时，其瞬时中心距车体最外侧的距离。

6. 门架倾角

门架倾角指无载叉车门架能从其垂直位向前或向后倾斜摆动的最大角度。

7. 轴距

叉车前后桥中心线的水平距离。

3.1.3　车型分类

叉车通常主要分为以下几类：内燃叉车、电动叉车、仓储叉车、搬运叉车、堆垛叉车、前移式叉车、电动拣选叉车等。

1. 内燃叉车

内燃叉车又分为普通内燃叉车、重型叉车、集装箱叉车和侧面叉车。

（1）普通内燃叉车

一般采用柴油、汽油、液化石油气或天然气发动机作为动力，载荷能力 1.2 ~ 8.0t，作业通道宽度一般为 3.5 ~ 5.0m，考虑到尾气排放和噪声问题，通常用在室外、车间或其他对尾气排放和噪声没有特殊要求的场所。因为燃料补充方便，所以可实现长时间连续作业，而且能胜任在恶劣环境下（如雨天）的工作。

（2）重型叉车

采用柴油发动机作为动力，承载能力 10.0 ~ 52.0t，一般用于货物较重的码头、钢铁等行业的户外作业。

（3）集装箱叉车

采用柴油发动机作为动力，承载能力 8.0 ~ 45.0t，一般分为空箱堆高机、重箱堆高机和集装箱正面吊。应用于集装箱搬运，如集装箱堆场或港口码头作业。

（4）侧面叉车

采用柴油发动机作为动力，承载能力 3.0 ~ 6.0t。在不转弯的情况下，具有直接从侧面叉取货物的能力，主要用来叉取长条形的货物，如木条、钢筋等。

2. 电动叉车

以电动机为动力，蓄电池为能源，承载能力 1.0 ~ 8.0t，作业通道宽度一般为 3.5 ~ 5.0m。因为没有污染、噪声小，所以广泛应用于室内操作和其他对环境要求较高的工况，如医药、食品等行业。随着人们对环境保护的越来越重视，电动叉车正在逐步取代内燃叉车。每组电池一般在工作 8h 后便需要充电，因此，对于多班制的工况，需要配备备用电池。

3. 仓储叉车

仓储叉车主要是为仓库内货物搬运而设计的叉车。除了少数仓储叉车（如手动托盘叉车）采用人力驱动外，其他都是以电动机驱动的，电动机仓储叉车因其车体紧凑、移动灵活、自重轻且环保性能好而在仓储业得到普遍应用。在多班作业时，电动机驱动的仓储叉车需要备用电池。

4. 搬运叉车

搬运叉车承载能力 1.6 ~ 3.0t，作业通道宽度一般为 2.3 ~ 2.8m，货叉提升高度一般为 210mm，主要用于仓库内货物的水平搬运及装卸。搬运叉车有步行式、站驾式和坐驾式 3 种操作方式，可根据效率要求选择。

5. 堆垛叉车

堆垛叉车分为全电动托盘堆垛车和半电动托盘堆垛车两种类型，顾名思义，前者行驶、升降都为电动控制，比较省力，而后者则需要人工手动拉或者推着行走，升降则是电动的。

承载能力为 1.0 ~ 2.5t，作业通道宽度一般为 2.3 ~ 2.8m，在结构上比搬运叉车多了门架，货叉提升高度一般在 4.8m 以内，主要用于仓库内的货物堆垛及装卸。

6. 前移式叉车

前移式叉车承载能力 1.0 ~ 2.5t，门架可以整体前移或缩回，缩回时作业通道宽度一般为 2.7 ~ 3.2m，提升高度最高可达 11m，常用于仓库内中等高度的堆垛、取货作业。

7. 电动拣选叉车

在某些工况下（如超市的配送中心），不需要整托盘出货，而是按照订单拣选多品种的货物组成一个托盘，此环节称为拣选。按照拣选货物的高度，电动拣选叉车可分为低位驾驶三向堆垛拣选叉车（2.5m 内）和高位驾驶三向堆垛拣选叉车（最高可达 14.5m）。

承载能力 2.0 ~ 2.5t（低位）、1.0 ~ 1.2t（中高位，带驾驶室提升）。

（1）低位驾驶三向堆垛拣选叉车

通常配备一个三向堆垛头，叉车不需要转向，货叉旋转即可实现两侧货物的堆垛和取货，作业通道宽度一般为 1.5 ~ 2.0m，提升高度可达 12m。此类叉车的驾驶室始终在地面不能提升，考虑到操作视野的限制，该类叉车主要用于提升高度低于 6m 的工况。

（2）高位驾驶三向堆垛拣选叉车

与低位驾驶三向堆垛拣选叉车类似，高位驾驶三向堆垛拣选叉车也配有一个三向堆垛头，作业通道宽度一般为 1.5 ~ 2.0m，提升高度可达 14.5m。不同的是，高位驾驶三向堆垛拣选叉车的驾驶室可以提升，驾驶员可以清楚地观察到任何高度的货物，也可以进行拣选作业。高位驾驶三向堆垛拣选叉车的效率和各种性能都优于低位驾驶三向堆垛拣选叉车，因此，该车型已经逐步替代低位驾驶三向堆垛拣选叉车。

8. 电动牵引车

电动牵引车采用电动机驱动，利用其牵引能力（3.0～25t），后面拉动几个装载货物的小车。电动牵引车主要分为机场物流用电动牵引车、车间电动牵引车、小型电动牵引车、电动三轮牵引车，经常用于车间内或车间之间大批货物的运输，如汽车制造业仓库向装配线的运输、机场的行李运输。

3.1.4 车型和配置

车型和配置的选择一般要考虑以下几个方面：

1. 作业功能

叉车的基本作业功能分为水平搬运、堆垛/取货、装货/卸货、拣选。根据企业所要达到的作业功能，可以从前面介绍的车型中初步确定所需的叉车。另外，特殊的作业功能会影响到叉车的具体配置，如搬运的是纸卷、铁水等，则需要叉车安装属具来完成特殊功能。

2. 作业要求

叉车的作业要求既包括托盘或货物规格、提升高度、作业通道宽度、爬坡度等一般要求，同时还需要考虑作业效率（不同的车型其效率不同）、作业习惯（如习惯坐驾还是站驾）等方面的要求。

3. 作业环境

如果企业需要搬运的货物或仓库环境在噪声或尾气排放等环保方面有要求，则在选择车型和配置时应有所考虑。如果是在冷库中或是在有防爆要求的环境中，那叉车的配置也应该是冷库型或防爆型的。仔细考察叉车作业时需要经过的地点，设想可能出现的问题，例如，出入库时门高对叉车是否有影响，进出电梯时电梯高度和承载对叉车的影响，在楼上作业时楼面承载是否达到相应要求，等等。

在选择车型和确定配置时，要向叉车供应商详细描述工况并实地勘察，以确保选购的叉车完全满足企业的需要。即使完成以上步骤的分析，仍然可能有几种车型同时满足上述要求，此时需要注意以下几个方面：

（1）不同的车型工作效率不同，那么需要的叉车数量、司机数量也不同，这会导致一系列成本发生变化。

（2）如果叉车在仓库内作业，不同车型所需的作业通道宽度不同，提升能力也有差异，由此会带来仓库布局的变化，如货物存储量的变化。

（3）车型及其数量的变化会对车队管理等诸多方面产生影响。

（4）不同车型的市场保有量不同，其售后保障能力也不同，例如，低位驾驶三向堆垛拣选叉车和高位驾驶三向堆垛拣选叉车同属窄作业通道叉车系列，都可以在很窄的作业通道内（1.5~2.0m）完成堆垛、取货。但是，低位驾驶三向堆垛拣选叉车驾驶室不能提升，因而操作视野较差，工作效率较低。高位驾驶三向堆垛拣选叉车能完全覆盖前者的功能，而且性能更出众，因此，在欧洲地区，高位驾驶三向堆垛拣选叉车的市场销量比低位驾驶三向堆垛拣选叉车高出4~5倍，在中国则高出6倍以上。因此，大部分供应商都侧重发展高位驾驶三向堆垛拣选叉车，而低位驾驶三向堆垛拣选叉车只应用在小吨位、提升高度低（一般在6m以内）的工况下。在市场销量很低时，低位驾驶三向堆垛拣选叉车售后服务的工程师数量、工程师经验、配件库存水平等服务能力就会相对较弱。

对以上几个方面的影响进行综合评估，有助于选择最合理的叉车选择方案。

3.1.5　性能评判

在综合评估时，很多企业由于对叉车专业知识及技术不了解，常常对产品质量无法做出合理的判断。一般来说，高质量的叉车其优越的性能往往体现在高效率、低成本、高安全性、人机工程设计好及维护方便等诸多方面。

1. 高效率

高效率并不只意味着高速度（行驶、提升、下降速度），它还意味着操作者完成一个工作循环所需的时间短，并且能在整个工作时间始终保持这个效率。

以下因素可以提高效率：

（1）速度快，如行驶速度、提升和下降速度等。

（2）人机工程设计好，能减少操作动作，最大限度地减轻疲劳。

（3）操作精确性高。

（4）良好的视野。

2. 低成本

企业购买和使用叉车时，每年所需花费的总成本包括以下几个方面：

（1）采购成本

采购成本将被平摊到叉车使用寿命中，因此，高价叉车因其寿命更长而使得采购成本降低。

（2）维护成本

实际的维修费用不仅与维修配件的成本有关，而且与故障率或故障时间有关。因此，一台高品质的叉车，由于其较低的故障率，它的维护成本也较低。

（3）能耗成本

能耗成本因叉车的动力系统不同而不同，如电能、柴油、液化石油气或汽油。

（4）人工成本

人工成本因驾驶员的数量和他们每月总工资的变化而不同，驾驶员的数量将会因采用高效率的叉车而减少。

3. 高安全性

叉车的安全性设计，应能够全面保证驾驶员、货物及叉车本身的安全。高品质的叉车往往在安全设计方面考虑到了每个细节、每个可能性。

4. 人机工程设计好

人机工程学是一门广泛应用于产品设计用来改善操作环境的科学，目的是通过降低驾驶员的疲劳度和增加操作的舒适性等来最大限度地提高生产效率。

在叉车设计上，人机工程学体现在方方面面：

（1）降低驾驶员操作时的疲劳度

独特的设计能减少驾驶员的操作动作，使操作更省力。

（2）舒适性

人性化的设计能够使驾驶员保持良好的心情，减少操作失误。

（3）良好的视野

为叉车作业过程提供良好的视野，不但能提高叉车作业效率，而且能确保驾驶员的安全。

5. 维护方便

要考虑叉车是否方便维护。所有的零部件应更换方便，故障的确诊和排除要快。高品质叉车的控制系统都已模块化，可直接与电脑连接，利用诊断程序来快速查找故障或修改参数设置（如行驶速度）。

企业在购买叉车前，除应了解叉车的价格和吨位外，还应结合企业的具体工况和发展规划综合考虑叉车厂家的实力、信誉、服务保证等多方面因素，之后做出采购决定。有实力的叉车供应商除了能提供可靠的售后服务外，其销售人员应该具备专业知识，应能够帮助客户完成车型及配置选择阶段的工作。

（1）选购叉车关键参数

选购叉车关键参数：载重量；发动机品牌、型号；电控品牌、型号；门架；属具，侧移器、抱夹、旋转器、推出器、纸箱专用夹、油桶夹等；轮胎（是实心胎还是充气胎）等。

（2）机械叉车使用注意事项

目前叉车制造业身处很大的和极具发展潜力的市场，同时衍生的一系列行业如叉车维修业也成为时下不可或缺的新型行业。叉车维修与保养主要可分为一级叉车保养与二级叉车保养。

在进行日常维护项目时，可以增添下列一级保养工作：

①检查节温器工作是否正常。

②检查变速器的换挡工作是否正常。

③检查风扇皮带松紧程度是否合适。

④检查柴油箱油进口过滤网有无堵塞、破损，并清洗或更换滤网。

⑤检查和调整气门间隙。

⑥检查和调整手、脚制动器的制动片与制动鼓的间隙。

⑦检查发电机及启动电机安装是否牢固，接线头是否清洁、牢固，检查碳刷和整流子有无磨损。

⑧更换油底壳内机油，检查曲轴箱通风接管是否完好，清洗机油滤清器和柴油滤清器滤芯。

⑨检查气缸压力或真空度。

⑩检查车轮安装是否牢固，轮胎气压是否符合要求，并清除胎面嵌入的杂物。

由于进行保养工作而拆散零部件，当重新装配后要进行以下叉车路试：

a. 不同程度下的制动性能，应无跑偏、蛇行。在陡坡上，手制动拉紧后，能可靠停车。

b. 倾听发动机在加速、减速、重载或空载等情况下的运转，有无不正常声响。

c. 路试一段里程后，应检查制动器、变速器、前桥壳、齿轮泵处有无过热情况。

d. 货叉架升降速度是否正常、有无颤抖。

⑪检查多路换向阀、升降油缸、倾斜油缸、转向油缸及齿轮泵工作是否正常。

3.1.6 电瓶叉车安全操作规程

1. 目的
规范叉车安全操作，安全驾驶。

2. 适用范围
申请"特种设备作业人员证"的人员，应当首先向特种设备作业人员考试机构报名参加考试，并经考试合格颁发特种设备作业人员证书。应满足以下几个条件：

（1）从事叉车证特种设备作业的人员考试时年龄在18周岁以上。

（2）身体健康并满足申请从事的叉车作业种类对身体的特殊要求。

（3）有与申请叉车证特种设备作业种类相适应的文化程度。

（4）有与申请叉车证特种设备作业种类相适应的工作经历。

（5）具有叉车证特种设备作业人员相应的安全技术知识与技能。

（6）符合叉车证特种设备作业人员安全技术规范规定的其他要求。

3. 叉车安全驾驶守则
（1）经相关部门考试合格，取得政府机构颁发的特殊工种操作证后，方可驾驶叉车，并严格遵守各项安全操作规程。

（2）必须认真学习并严格遵守操作规程，熟悉车辆性能和操作区域道路情况。掌握叉车维护保养基本知识和技能，认真按规定做好车辆的维护保养工作。

（3）严禁带人行驶，严禁酒后驾驶；行驶途中不准饮食和闲谈；不准在行驶途中手机通话。

（4）车辆使用前，应严格检查，严禁带故障出车，不可强行通过有危险或潜在危险的路段。

4. 叉车安全作业手册

电动叉车驾驶员的操作必须符合以下安全规程：

（1）运行前要检查刹车系统的有效性和电池电量是否充足，如发现缺陷，要处理完善后再操作。

（2）搬运货物时不允许用单个货叉运转货物，也不允许用货叉尖端去挑起货物，必须是货叉的全部叉入货物下面并使货物均匀地放在货叉上。

（3）平稳起步，转向前一定要先减速，正常行驶速度不要过快，平稳制动停车。

（4）货叉上不准站人，叉车不准载人运行。

（5）对于尺寸较大的货物，要小心搬运，不要搬运未固定或松散的货物。

（6）定期检查电池电解液，禁止使用明火照明来检查电池电解液。

（7）停车前，要将货叉下降着地并将叉车摆放整齐，停车并断开整车。

（8）电源电量不足时，叉车的电量保护装置自动开启，叉车货叉将拒绝上升操作，禁止继续载货使用，此时应该空车行驶到充电机位置给叉车充电。

（9）充电时，先断开叉车工作系统与电池的连接，再将电池与充电机连接，再连接充电机与电源插座，开启充电机。

（10）通常情况下，智能型充电机无须人工干预，非智能充电机则可以人工干预充电机输出电压与电流值，通常电压输出值比电池标称电压高 10% 即可，输出电流应该设定为电池额定容量的 1/10 左右（例如，DC24V/210AH 电池，充电机输出电压与电流可设为 26V，21A）。

5. 叉车安全操作规程及各项安全要求

（1）人员

①驾驶叉车的人员必须经过专业培训，通过安全生产监督部门的考核，取得特种设备作业人员证，并经公司同意后方能驾驶，严禁无证操作。

②严禁酒后驾驶，行驶中不得吸烟、饮食、闲谈、打手机或使用对讲机。

（2）检查车辆

①叉车作业前后，应检查外观，加注燃料、润滑油和冷却水。

②检查启动、运转及制动安全性能。

③检查灯光、喇叭信号是否齐全、有效。

④叉车运行过程中，应检查压力、温度是否正常。

⑤叉车运行后还应检查外泄漏情况并及时更换密封件。

⑥电瓶叉车除应检查以上内容外，还应对电瓶叉车的电路进行检查。

（3）起步

①起步前，观察四周，确认无妨碍行车安全的障碍后，先鸣笛，后起步。

②液压（气压）式制动的车辆，制动液压（气压）表必须达到安全状态方可起步。

③叉车在载物起步时，驾驶员应先确认所载货物平稳、可靠。

④起步必须缓慢、平稳。

（4）行驶

①行驶时，货叉底端距地面高度应保持在 300～400mm，门架须后倾。

②行驶时不得将货叉升得太高。进出作业现场或行驶途中，要注意上空有无障碍物刮碰。载物行驶时，货叉不准升得太高，以免影响叉车的稳定性。

③卸货后应先降落货叉至正常的行驶位置后再行驶。

④转弯时，如附近有行人或车辆，应先发出行驶信号。禁止高速急转弯，高速急转弯会导致车辆失去横向稳定而倾翻。

⑤行驶叉车在下坡时严禁熄火滑行，非特殊情况禁止载物行驶中急刹车。

⑥载物行驶在超过 7 度和用高于一挡的速度上下坡时，非特殊情况不得使用制动器。

⑦叉车在运行时要遵守厂内交通规则，必须与前面的车辆保持一定的安全距离。

⑧叉车运行时，载荷必须处于不妨碍行驶的最低位置，门架要适当后倾。除堆垛或装车，不得升高载荷。

⑨载物高度不得遮挡驾驶员视线。特殊情况物品影响前行视线时，倒车时要低速行驶。

⑩禁止在坡道上转弯，也不应横跨坡道行驶。

⑪叉车由后轮控制转向，所以必须注意车后轮的摆幅，避免初学者驾驶时经常出现的转弯过急现象。

⑫叉车厂区安全行驶速度为 5km/h，进入生产车间区域必须低速安全行驶。

⑬叉车起重升降或行驶时，禁止人员站在货叉上把持物品和起平衡作用。

⑭发现问题及时检修和上报，绝不带病作业和隐瞒不报。

（5）装卸

①叉载物品时，应按需调整两货叉间距，使两货叉负荷均衡，不得偏斜，物品的一面应贴靠挡物架。叉载的重量应符合载荷中心曲线标识牌的规定。

②禁止单叉作业或用叉顶物、拉物。特殊情况拉物必须设立安全警示牌，以提醒周围行人。

③载物高度不得遮挡驾驶员的视线。

④在物品的装卸过程中，必须用制动器制动叉车。

⑤叉车接近或撤离物品时，车速应缓慢、平稳，注意车轮不要碾轧物品、木垫等，以免碾轧物飞起伤人。

⑥用货叉叉取货物时，货叉应尽可能深地叉入载荷下面，还要注意货叉尖不能碰到其他货物或物件。应采用最小的门架后倾来稳定载荷，以免载荷向后滑动。放下载荷时可使门架稍前倾，以便于安放载荷和抽出货叉。

⑦禁止高速叉取货物和用叉头向坚硬物体碰撞。

⑧叉车叉物作业时，禁止人员站在货叉上，也禁止人员站在货叉周围，以免货物

倒塌伤人。

⑨禁止超载，禁止用货叉举升人员从事高处作业，以免发生高空坠落事故。

⑩不准用惯性溜、放，不准用圆形或易滚动物品制动。

⑪不准用货叉挑、翻栈板的方法卸货。

（6）离开叉车

①禁止货叉上物品悬空时离开叉车，离开叉车前必须卸下货物或降下货叉架。

②停车制动手柄拉死或压下手刹开关。

③发动机熄火，停电（特殊情况除外，如驾驶员视线不离开车辆且离开不超过1min）。

④拔下钥匙。

（7）停车注意事项

①发动机熄火前，应使发动机怠速运转。

②2～3min后熄火。发动机熄火停车后，应拉紧制动手柄。

③低温季节（在0℃以下），应放尽冷却水，或者加入防冻液。

④当气温低于－15℃时，应拆下蓄电池并搬入室内，以免冻裂。转动机油滤清器手柄1～2转，检查螺栓、螺母有无松脱现象，并及时排除不正常情况。

⑤将叉车冲洗、擦拭干净，进行日常例行保养后，停放至车库或指定地点。

（8）意外

如遇意外，应该做到：

①紧伏到方向盘或操作手柄上，并抓紧方向盘或操作手柄。

②身体靠在叉车倾倒方向的反面。

③注意防止损伤头部或胸部，叉车翻车时千万不能跳车。[①]

3.2　实训目的与要求

（1）使学生了解叉车工作的环境。

（2）使学生了解叉车工作的基本流程。

（3）使学生掌握叉车操作仿真模拟实训的基本操作。

3.3　实训内容与步骤

叉车操作前，要先进行操作视角的转换，单击叉车图标，就可以完成叉车视角与库管员视角的转换。利用键盘的上、下、左、右4个方向键，控制叉车的行进方向。

---

① 冯其河. 叉车技术实训教程[M]. 南京：东南大学出版社，2013.

　　叉车在叉取货物的时候通过数字键"1""2"控制。其中,"1"代表推高,"2"代表下降。叉车操作训练界面如图3-1至图3-4所示。

图3-1　叉车叉取托盘场景

图3-2　叉车叉取托盘上架场景

图 3 - 3　叉车放下托盘返回场景

图 3 - 4　叉车归位场景

3.4　思考题

1. 叉车操作包括哪些基本业务流程？
2. 简述叉车的种类及电瓶叉车的安全操作注意事项。

本章小结

本章介绍了叉车的相关背景知识，着重介绍了叉车操作的业务流程并设计了模拟实验。通过本章的学习，学生能够加深对叉车相关知识的理解和认识。

4　堆码操作仿真模拟实训

4.1　背景介绍

4.1.1　商品堆码的概念

　　商品堆码是指商品的堆放形式和方法，商品的合理堆码也是储存中一项重要的技术工作。堆码应符合安全、方便、多储的原则。堆码形式要根据商品的种类性能、数量和包装情况及库房高度、储存季节等条件而定，不同的商品，堆码方法也应有所不同。

　　商品堆码对维护商品质量、充分利用库房容积和提高装卸作业效率，以及对采用机械作业和保证商品安全等影响很大。商品堆码要遵守合理、牢固、定量、整齐、节约、先进先出等要求。

4.1.2　堆码的原则

　　商品堆码的主要原则如下：

　　（1）较多采取立体储存的方式。

　　（2）仓库通道与堆垛之间保持适当的宽度和距离，以便提高物品装卸效率。

　　（3）根据物品的不同收发批量、包装外形、性质和盘点方法的要求，利用不同的堆码工具，采取不同的堆码形式，其中，危险品和非危险品、性质相互抵触的物品，应该根据具体情况隔离、隔开、分离储存，不得混放。

　　（4）不要轻易地改变物品存储的位置，大多应按照先进先出的原则。

　　（5）在库位不紧张的情况下，尽量避免物品堆码的覆盖和拥挤。

4.1.3　堆码的操作要求

　　（1）堆码的操作工人必须严格遵守安全操作规程；使用各种装卸搬运设备，严禁超载，同时必须防止建筑物超过安全负荷量。码垛必须不偏不斜、不歪不倒、牢固坚实，以免倒塌伤人、摔坏商品。

　　（2）合理。不同商品的性质、规格、尺寸不尽相同，应采用各种不同的垛形。不同品种、产地、等级、单价的商品，须分类堆码，以便收发、保管。货垛的高度要适度，不能压坏底层的商品和地坪，要与屋顶、照明灯保持一定距离；货垛的间距，走道的宽度，货垛与墙面、梁柱的距离等，都要合理、适度。垛距一般为 0.5 ~ 0.8m，主要作业通道一般宽 2.5～3m，如涉及叉车叉运，则作业通道一般设计为 4～5m 宽。

（3）方便。货垛行数、层数力求为整数，以便于清点、收发作业。若过秤商品不成整数，应分层表明重量。

（4）整齐。货垛应按一定的规格、尺寸叠放，排列整齐、规范。商品包装标识应一律朝外，以便于查找。

（5）节约。堆垛时应注意节省空间位置，适当、合理安排货位的使用，提高仓容利用率。

4.1.4 堆码常用技术

堆码商品常用的技术方法有直码、压缝码、交叉码、连环码、梅花码等。

要根据商品的品种、性质、包装、体积、重量等情况，同时还要依照仓库的具体储存要求和有利于商品库内管理的原则来确定商品的堆码形式，做到科学、合理。

4.1.5 堆码的形式[①]

1. 散堆法

散堆法适用于露天存放的没有包装的大宗物品，如煤炭、矿石等，也适用于库内少量存放的谷物、碎料等散装物品。

散堆法是直接用堆扬机或铲车在确定的货位后端起堆，直接将物品堆高，在达到预定的货垛高度时，逐步后退堆货，使后端先形成立体梯形，最后成垛。因为散货具有流动性、散落性，所以堆高时不能堆得太近垛位四边，以免散落，要防止物品超出预定的货位。

2. 堆垛法

对于有包装（如箱、桶）的物品，包括裸装的计件物品，可采取堆垛的方式储存。堆垛方式储存能够充分利用仓容，做到仓库内整齐，方便作业和保管。物品的堆码方式主要取决于物品本身的性质、形状、体积、包装等。一般情况下多采取平放，使重心最低，最大接触面向下，这样易于堆码，稳定牢固。

常见的堆码方式有重叠式、纵横交错式、仰伏相间式、压缝式、通风式、栽柱式和衬垫式等。

（1）重叠式

重叠式也称直堆法，是逐件、逐层向上重叠堆码，一件压一件的堆码方式。为了保证货垛的稳定性，在一定层数后改变方向或者长、宽各减少一件继续向上堆放。该方法方便作业、计数，但稳定性较差，适用于袋装、箱装、箩筐装物品，以及平板、片式物品等。

（2）纵横交错式

纵横交错式是指每层物品都改变方向向上堆放，适用于管材、捆装、长箱装物品

---

① http：//info. 10000link. com/newsdetail. aspx？doc＝2011041890031.

等。该方法较为稳定，但操作不便。

（3）仰伏相间式

对上下两面有大小差别或凹凸的物品，如槽钢、钢轨等，将物品仰放一层，再反面伏放一层，仰伏相向相扣，这种堆垛法称为仰伏相间式。这种堆垛方式极为稳定，但操作不便。

（4）压缝式

将底层并排摆放，上层放在下层的两件物品之间。

（5）通风式

物品在堆码时，任意两件相邻物品之间都留有空隙，以便通风。层与层之间采用压缝式或者纵横交错式方法堆码。通风式堆码可以用于所有箱装、桶装及裸装物品，能起到通风防潮、散湿散热的作用。

（6）栽柱式

码放物品前先在堆垛两侧栽上木桩或者铁棒，然后将物品平码在桩柱之间，码放几层后用铁丝将相对两边的柱拴连，再往上摆放物品。此法适用于棒材、管材等长条状物品。

（7）衬垫式

码垛时，隔层或隔几层铺放衬垫物，衬垫物平整牢靠后，再往上码，适用于不规则且较重的物品，如无包装电机、水泵等。

3. 托盘上存放物品

托盘在物流系统中的运用得到认同，因此形成了物品在托盘上的堆码方式。托盘是具有标准规格尺寸的集装工具，因此，在托盘上堆码物品可以参照典型堆码图谱来进行。例如，硬质直方体物品可参照中华人民共和国国家标准《硬质直方体运输包装尺寸系列》（GB/T 4892—1996）硬质直方体在 1140mm×1140mm 托盘上的堆码图谱进行；圆柱体物品可参照中华人民共和国国家标准《圆柱体运输包装尺寸系列》（GB/T 13201—1997）圆柱体在 1200mm×1000mm、1200mm×800mm、1140mm×1140mm 托盘上的堆码图谱进行。

4. "五五化"堆垛

"五五化"堆垛就是以"五"为基本计算单位，堆码成各种总数为五的倍数的货垛，以五或五的倍数在固定区域内堆放货物，使货物"五五成行、五五成方、五五成包、五五成堆、五五成层"，堆放整齐，上下垂直，过目知数。这种方法便于控制货物的数量、清点盘存。

4.1.6 商品堆码的"五距"

商品堆码要做到货堆之间，货垛与墙、柱之间保持一定的距离，留有适宜的通道，以便商品搬运、检查和养护。要把商品保管好，"五距"很重要。"五距"是指顶距、灯距、墙距、柱距和堆距。

1. 顶距

顶距是指货堆的顶部与仓库屋顶平面之间的距离。留顶距主要是为了通风，平顶楼房顶距应在 50cm 以上。

2. 灯距

灯距是指仓库里的照明灯与商品之间的距离。留灯距主要是为了防止火灾，商品与灯的距离一般不应少于 50cm。

3. 墙距

墙距是指货垛与墙的距离。留墙距主要是为了防止渗水，便于通风散潮。

4. 柱距

柱距是指货垛与屋柱之间的距离。留柱距是为了防止商品受潮和保护柱脚，一般留 10~20cm。

5. 堆距

堆距是指货垛与货垛之间的距离。留堆距是为了便于通风和检查商品，一般留 10cm。

4.1.7 商品堆码注意事项

（1）注意库存最大负荷。
（2）注意"五距"符合安全管理要求。
（3）注意商品性能和保管要求[①]。

4.2 实训目的与要求

（1）使学生了解堆码工作的环境。
（2）使学生了解堆码工作的基本流程。
（3）使学生掌握堆码操作仿真模拟实训的基本操作和原则。

4.3 实训内容与步骤

堆码操作主要是将货物按照堆码要求放置在托盘上的操作过程。

进入堆码操作后，仓管员将不能继续移动。单击【增加】按钮，添加一个托盘，此时光标变为托盘形状，移动鼠标将托盘放置到指定堆码区域，右击，放下托盘。

按下鼠标左键选中需要堆码的货物，将货物拖拽到托盘上，松开鼠标左键放下货物，具体如图 4-1 至图 4-3 所示。

---

① 王爱霞. 商品堆码与理货技术［M］. 北京：中国财富出版社，2011.

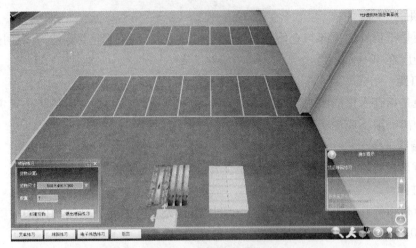

图 4 - 1　货物堆码操作 1

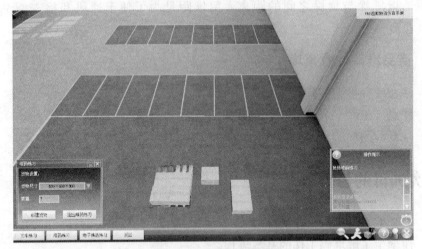

图 4 - 2　货物堆码操作 2

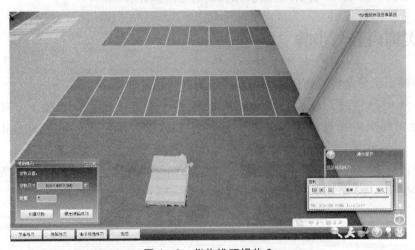

图 4 - 3　货物堆码操作 3

　　需要注意的是，在利用鼠标左键对托盘进行操作的时候，只能是在与地面同一个水平高度上进行，如果托盘上堆码的货物高度超出了地面高度，则需要先按住 Ctrl 键进行货物水平高度的调整后再将货物移动到托盘上。具体如图4－4和图4－5所示。

图4－4　货物水平移动

图4－5　货物垂直移动

　　根据货物堆码摆放的要求，需要对货物进行旋转，选中货物，右击，系统会出现旋转方向的标识，根据需要拖动鼠标改变货物方位。

　　具体如图4－6至图4－8所示。

图4－6　货物旋转方向前

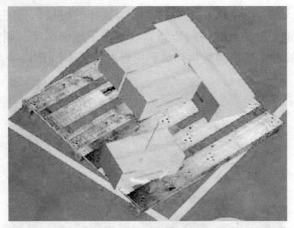

图 4 - 7 旋转方向提示

图 4 - 8 旋转方向后的堆垛

4.4 思考题

1. 简述商品堆码的原则。
2. 详细叙述商品堆码"五距"需要注意的事项。
3. 堆码模拟仿真实验包括哪些基本流程?

本章小结

本章介绍了堆码的相关背景知识并设计了关于堆码操作的模拟仿真实验。通过本章的学习,学生能够加深对堆码操作相关知识的认识与了解。

5 拣选操作仿真模拟实训

5.1 背景介绍

5.1.1 自动拣选

1. 自动拣选的概念

自动拣选是指分拣动作由自动机械手完成，电子信息输入后自动完成拣选作业，无须人工介入。自动分拣系统一般由控制装置、分类装置、输送装置及分拣道口组成。以上4个部分通过计算机网络连接在一起，配合人工控制及相应的人工处理环节，构成一个完整的自动分拣系统。

（1）控制装置

控制装置的作用是识别、接收和处理分拣信号，根据分拣信号的要求指示分类装置按商品品种、商品送达地点或货主的类别对商品进行自动分类。这些分拣需求可以通过不同方式，如条码扫描、色码扫描、键盘输入、重量检测、语音识别、高度检测、形状识别等，输入分拣控制系统，根据对这些分拣信号的判断，决定某一种商品该进入哪一个分拣道口。

（2）分类装置

分类装置的作用是根据控制装置发出的分拣指示，当具有相同分拣信号的商品经过该装置时，该装置动作，使其改变在输送装置上的运行方向从而进入其他输送机或进入分拣道口。分类装置的种类有很多，一般有推出式、浮出式、倾斜式和分支式几种，不同的装置对分拣货物的包装材料、包装重量、包装物底面的平滑程度等有不同的要求。

（3）输送装置

输送装置的主要组成部分是传送带或输送机，其主要作用是使待分拣商品鱼贯通过控制装置、分类装置，并且输送装置的两侧一般要连接若干分拣道口，以使分好类的商品滑下主输送机（或主传送带），方便进行后续作业。

（4）分拣道口

分拣道口是已分拣商品脱离主输送机（或主传送带）进入集货区域的通道，一般由钢带、皮带、滚筒等组成滑道，使商品从主输送装置滑向集货站台，在那里由工作人员将该分拣道口的所有商品集中后或是入库储存或是组配装车并进行配送作业。

2. 自动拣选系统的分类

自动拣选系统有 A 型拣选系统、旋转仓储系统、立体式自动仓储系统等多种。

（1）A 型拣选系统

A 型拣选系统类似于自动售货机，有一长排 A 型货架，货架的两侧有多个货位，每个货位储存一种货品，每个货位下方有一拣选机械，货架中间有一条输送带，输送带末端连接装货容器。当联机的计算机将拣选信息传入时，预拣货品的货位拣选机械被启动，推出所需数量的货品至输送带，输送带上的货品被送至末端，掉落至装货容器。

（2）旋转仓储系统

旋转仓储系统内有多个货位，每个货位旋转一种货品。当联机的计算机将拣选信息传入时，预拣货品的货位被旋转至前端的窗口，方便拣选员拣取。旋转仓储系统可省去货品的寻找与搬运工作，但仍需拣取动作，加之旋转整个货架，动力消耗大，故障率高，因此，其只适合于轻巧的零件仓库。

（3）立体式自动仓储系统

立体式自动仓储系统有多排并列的储存货架。因货架不需旋转，故可向上立体化增加储存空间。货品的存取端设多台自动存取机。当联机的计算机将拣选信息传入时，自动存取机移至指定货位，拿取或存放货品。立体式自动仓储系统通常采用单位负载的存取方式，比较适合以托盘或容器为拣取单位的拣取方式。

自动拣货系统的生产效率非常高，拣货错误率非常低。因为是无人拣货，所以设备成本非常高。自动拣货系统常被利用在价值高、出货量大且频繁的 A 类货品上。

5.1.2 垂直式拣选系统

垂直式拣选系统是现代化物流配送的核心，物流配送中心现代化程度的高低取决于拣选技术和拣选工作方式。

垂直式拣选系统是在不同楼层间平面输送货物的连接装置。根据用途和结构的不同分为三类：一是从某楼层分拣输送至某楼层；二是从某楼层分拣输送至不同的各楼层；三是从某楼层分拣输送至某楼层的不同出口方向。

5.1.3 语音识别技术

语音识别技术是一种国际先进的物流应用技术，它将任务指令通过 TTS（Text To Speech，从文本到语音）引擎转化为语音播报给作业人员。在欧美很多国家和地区，企业通过实施语音技术提高了员工的拣选效率，从而降低了最低库存量及整体运用成本，并且大幅降低了错误配送率，最终提升了企业形象和客户满意度。

1. 语音识别技术的工作步骤

首先，操作员接收到提货的语音提示，发指令给作业人员一个巷道号和货位号；其次，系统提示输入货位校验码，操作员语音录入系统校验码并确认，系统会显示所要选取的商品和数量；最后，作业人员从货位上搬下商品，流程结束。整个操作过程非常简单。

2. 语音识别技术的作用

语音识别技术的应用，可以加快我们的工作速度，提高我们的工作效率和准确率。

第一，语音技术易学易用，操作员仅需短时间的培训就可以操作，一天内就能够精通，因为只需要反复训练50多个关键词汇，然后戴上耳机配合移动计算终端就可以工作了，培训时间和费用大幅度降低。

第二，和其他技术相比，语音识别技术非常流畅，具有持续性。利用语音技术拣选货物的时候，可以把好几个步骤自然而然地融为一体，使操作流程变得连贯，作业人员可以连续并按部就班地工作。

第三，物流企业需要通过先进的技术手段实现储运商品的快速确认、装卸、追踪、查询、盘点等操作，需要及时获取上述环节的信息并做快速的统计、分析工作，以缩短物流周期，降低物流成本，并为合理、科学的物流策略提供可靠的决策依据。语音系统引入了"校验码"，操作员通过语音密码登录自己的语音终端之后，系统将其引导至第一个拣货位，操作员需要读出贴在各拣货位的被称为"校验码"的数字标识码，以验证所在位置是否正确。收到已分配拣货位的正确校验码后，系统将引导操作员在该货位拣取相应数量的货物；若当操作员所报告的校验数字与后台系统中针对该货架位的数据不相符合，系统将告诉操作员"位置有误"。由此可见，只有收到正确的校验数字后，系统才会向操作员提供拣货信息，这样就能避免误操作了。

第四，语音技术用于仓储管理，可以提高仓储管理的信息层次，实现对仓储库位、货位和商品各个层次信息的实时采集和无纸化记录，真正实现虚拟仓库和实际库存的统一。仓储管理精度的提高和信息采集效率的提高，一方面大大提高了仓储日常操作的效率，另一方面提升了仓储管理信息的透明度，加速了仓储的运转，提高了仓储的效率。同时，仓储信息透明度、运转效率的提高，又为企业生产采购、商品销售计划的制订提供了快速、可靠、科学的决策依据，并且可使投资回报率增高。投资回报包括直接投资回报和间接投资回报。直接投资回报是指工人工作效率的提高、订单差错率的降低和工作劳动强度的减小，能大大降低工人成本；间接投资回报则涵盖客户满意度的提升、工人反复劳动的时间减少等因素。

5.1.4　"货到人"解决方案

Symbion是澳大利亚一家知名的医药经销商，向药房和医院配送大量的处方药和非处方药。该公司在澳大利亚拥有众多分销中心，正逐步通过实现自动化来降低运营成本、改进运营品质和缩短响应时间。

2010年，Symbion做了一个决定：在配送中心引入"货到人"拣选系统。这套系统由1套旋转系统（6个旋转盘）和两个高效率的周转箱拣选工作站组成，能高效地处理仓储流程，在大约1000平方米的紧凑区域内，实现拣选6000个慢物动量的 SKU（库存量单位）。

进货可以直接拆包至周转箱，旋转系统会自动存储货品。当货物特别小或者滞销时，多种 SKU 可以存放在一个周转箱中。周转箱内有隔间，可以更好地利用空间。

当系统提示有订单需要拣选时，周转箱通过输送线按路线发送至两个"货到人"拣选工作站，每个周转箱拣选工作站可以同时处理 7 个订单。从旋转系统内自动拣选出完成订单所需的 SKU，并将其按要求发送到拣选工作站。在每个工作站的屏幕上显示了需要从周转箱中拣选的数量，上面的拣选器会显示每笔订单需要拣选出的货品和数量。在周转箱上方的光照提醒确保了货物被放入正确的周转箱，它告知拣选人员该拣选哪种货物；而储存了多个 SKU 的周转箱，由顶灯组通过灯光指示拣选人员该拣选哪个隔间。

在拣选工作站，货物将被运送至拣选人员处，拣选人员无须步行，最高拣选速度达 1500 件/h。整个"货到人"拣选系统由胜斐迩标准的订单实现软件控制，这个软件可以从 Symbion 的主机处获得信息，通过 IT 系统管理仓储、SKU、周转箱的路线和周转箱的输送，完成拣选工作。软件还提供了一个强大的用户界面，包括实用的报告和统计数据。

Symbion 配送中心配备了 6 套胜斐迩自动存储旋转系统、两个高效的"货到人"拣选工作站、胜斐迩订单履行软件、塑料周转箱，以及胜斐迩输送系统等软、硬件设备，实现了高效存储慢物动量产品的功能，并提高了慢物动量产品的拣选效率，大大缩减了订单履行时间。其中，胜斐迩旋转系统作为核心设备之一，发挥了重要的作用。

胜斐迩旋转系统（SCS）在"货到人"的原则下，利用最小的空间进行高速订单拣选。该系统运用高容量的传输设备与最先进的控制技术，实现了高频率的存取（达到 1000 次/h 的存取速度，存取包括一次存货和一次取货），并且持续保持高吞吐量。该系统一个标准的模块由 4 个或 6 个旋转盘组成，每个旋转盘带有一个分离的自动储存和拣选单元，能处理多达 6000 个周转箱。该系统在节省超过 50% 的仓储密度的同时实现了高速拣选频次。

胜斐迩旋转系统一般与拣选工作站配合完成订单拣选，一个标准模块搭配一个拣选工作站，拣选工作站的拣选方式可以是格口式拣选、周转箱拣选、电子标签拣选、RF（Radio Frequency，射频）拣选等。符合人体工程学的设计和"货到人"的高效执行，是保证持续高吞吐量和低疲劳工作强度的关键性因素。每一步操作都必须由一个明确的操作指导系统确认、引导和检查，因此，可以实现零差错率拣选。

该旋转系统的其他优点体现为能针对多样性的产品，经济效益高，以及几乎无限的灵活性。每个标准模组相当于一个自动化小件存储系统（堆垛机），其基础单元是标准的存储料箱。胜斐迩自产的料箱最多可以分为 16 个隔间，并具有最多 25kg 的荷载。料箱由具备承载装置的全自动升降机处理，这些升降机在垂直或水平输送方向上移动，从旋转盘上取出料箱，将它们输送到与旋转系统连接的输送系统上，输送系统再将料箱送到拣选工作站。

　　系统的设计结合了紧凑式旋转系统的优势，并对传统存储系统进行了创新。其可扩展性和模块化的设计，使得胜斐迩旋转系统反应快速，容易满足个性化需求，可立即投入使用。这些功能确保了整体项目实施时间短，保障了整体项目投资安全。当需要增加容量需求和订单量、改变 ABC 货品配比或提高性能时，模块化的系统可以通过添加更多的模组或单个旋转盘来适应上述要求。空间和资源节约型的设计，从经济角度来看，使胜斐迩旋转系统能弥补工作量的波动。

　　相较于市场上其他传统的系统，这种存取独立的方式可实现存取双循环。作为一个可扩展的、模块化的高速订单拣选系统，胜斐迩旋转系统是兼容性极强的智能解决方案，在动态拣选过程中表现出高性能水平，有利于实现经济效益最大化。

5.2　实训目的与要求

（1）使学生了解拣选工作的环境。

（2）使学生了解拣选工作的基本流程。

（3）使学生掌握拣选操作仿真模拟实训的基本操作。

5.3　实训内容与步骤

　　控制拣货员进入电子拣选区，如图 5 - 1 所示。

图 5 - 1　电子拣选区场景

单击【出库单选择】按钮，在弹出的对话框中选中需要拣选的订单，如图 5 - 2 所示。

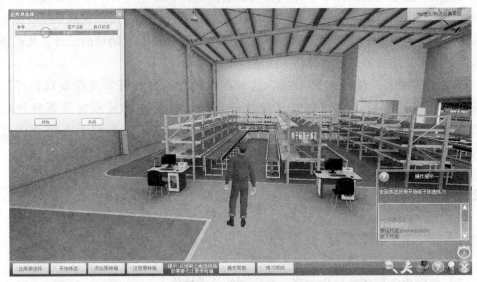

图 5 - 2　选择拣选订单

单击"出库单选择"对话框中的【开始】按钮，打开"开始拣选"对话框，系统会将本次拣选的货品名称、数量、储位信息等提示给用户，如图 5 - 3 所示。

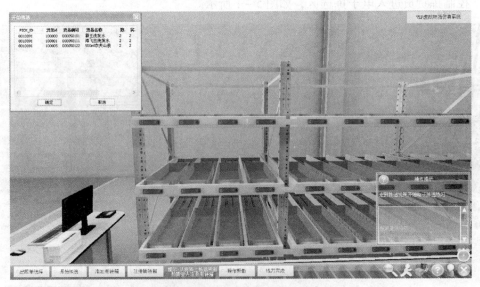

图 5 - 3　显示拣选订单货物信息

确定每个拣选货品的数量，然后单击"开始拣选"对话框中的【确定】按钮。电子拣选货架上的指示灯会提示拣货员需要分拣的货品位置，如图 5 - 4 所示。

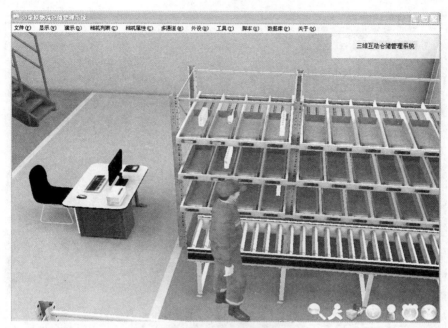

图 5 - 4   提示货品拣选位置

单击【添加周转箱】按钮，选中周转箱放置的位置，右击，周转箱放置完毕，效果如图 5 - 5 所示。

单击【注册周转箱】按钮，进行周转箱的关联和扫描，扫描后出现的对话框如图 5 - 6 所示。

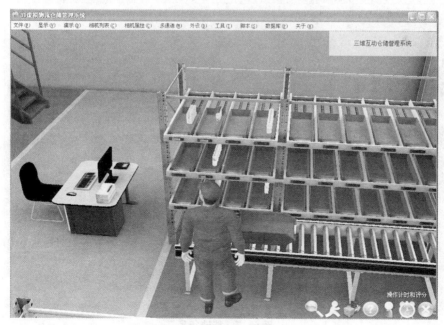

图 5 - 5   放置周转箱

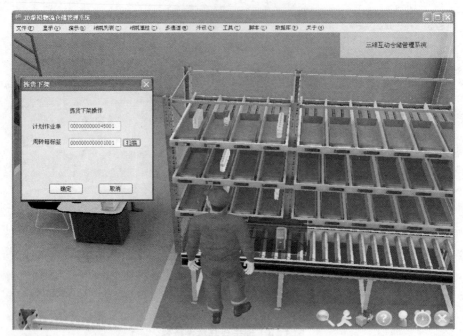

图 5 – 6 关联周转箱

单击"拣货下架"对话框中的【确定】按钮，完成周转箱与订单信息的关联，这时就可以进行拣选操作了，将鼠标移至需要拣选的货品上，单击货品，即可将货品放置到周转箱内，如图 5 – 7 所示。

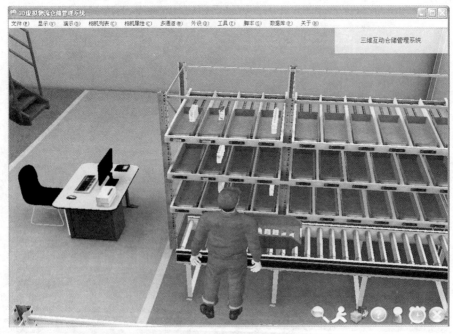

图 5 – 7 拣选货品

将所需货品全部拣选完成后，单击【练习完成】按钮，传送带启动，将周转箱运送至出货口，至此即可完成拣选操作的单项模拟练习。

5.4 思考题

1. 浅谈语音识别技术在拣选系统中的主要应用。
2. 浅谈对"货到人"解决方案的认识。
3. 简述拣选模拟仿真实训的基本流程。

本章小结

本章介绍了拣选操作的相关背景知识，设计了关于拣选操作的模拟仿真实验。通过学习本章，学生能够加深对拣选操作业务的理解与认识，学习并深入理解拣选的相关知识。

6 入库作业仿真模拟实训

6.1 背景介绍

6.1.1 入库作业的概念[①]

入库作业是指仓储部门按照存货方的要求，合理组织人力、物力等资源，按照入库作业程序，认真履行入库作业各环节的职责，及时完成入库任务的工作过程。

6.1.2 入库作业的影响因素

影响入库作业的主要因素有以下几个方面：

(1) 货品供应商及货物运输方式。

(2) 商品种类、特性与数量。

(3) 入库作业的组织管理情况。

根据不同的管理策略、货物属性、数量及现有库存情况，系统自动设定货物堆码位置、货物堆码顺序建议，从而有效地利用现有仓库容量，提高作业效率。

入库作业主要包括商品接运、商品入库验收、办理入库交接手续等步骤。

6.1.3 商品接运

商品到达仓库的形式不同，除了一小部分商品由供货单位直接运到仓库交货外，大部分商品要经过铁路、公路、航运、海运和短途运输等运输方式转运。凡经过交通运输部门转运的商品，均需仓库接运后才能进行入库验收。因此，商品接运是商品入库作业流程的第一道环节，也是商品仓库直接与外部发生的经济联系。它的主要任务是及时而准确地到交通运输部门提取入库商品，要求手续清楚、责任分明，为仓库验收工作创造有利条件。

1. 商品接运的概念

因为接运工作是仓库业务活动的开始，是商品入库和保管的前提，所以接运工作的好坏直接影响到商品的验收和入库后的保管、保养。因此，在接运由交通运输部门转运的商品时，必须认真检查，分清责任，取得必要的证件，以免将一些在运输过程

---

① 梁军. 仓储管理实务[M]. 北京：高等教育出版社，2003.

中或运输前就已经损坏的商品带入仓库，造成验收中责任难分和在保管工作中的困难或损失。

因为接运工作直接与交通运输部门接触，所以做好接运工作还需要熟悉交通运输部门的要求和制度。例如，发货人与运输部门的交接关系和责任的划分，铁路或航运、海运等运输部门在运输中应负的责任，收货人的责任，铁路或其他运输部门编制普通记录和商务记录的范围等，这些都是必须要掌握的。

做好商品接运业务管理的主要意义：防止把在运输过程中或在运输之前就已经发生的商品损害和各种差错带入仓库，减少或避免经济损失，为验收、保管和保养商品创造良好的条件。

2. 商品接运的方式

商品接运方式大致有四种，现分别讲述各种接运方式的注意事项。

（1）车站、码头提货

①提货人员对所提取的商品应了解其品名、型号、特性和一般保管知识、装卸搬运注意事项等。在提货前应做好接运货物的准备工作，如装卸运输工具、腾出存放商品的场地等。提货人员提货前，应主动了解到货时间和交货情况，根据到货多少组织装卸人员、机具和车辆，按时前往提货。

②提货时应根据运单及有关资料详细核对品名、规格、数量，并要注意商品外观，查看包装、封印是否完好，有无污损、受潮、水浸、油渍等异状。若有疑点或不符，应当场要求运输部门检查。对短缺损坏情况，凡属运输部门责任的，应做出商务记录；属于其他方面责任、需要运输部门证明的，应做出普通记录，并由运输员签字。注意：记录内容与要实际情况相符。

③在短途运输中，要做到不混不乱，避免碰坏损失。危险品应按照危险品搬运规定办理。

④商品到库后，提货员应与保管员密切配合，尽量做到提货、运输、验收、入库、堆码一条龙作业，从而缩短入库验收时间，办好内部交接手续。

（2）专用线接车

①接到专用线到货通知后，应立即确定卸货货位，力求缩短场内搬运距离；组织好卸车所需要的机械、人员及有关资料，做好卸车准备。

②车皮到达后，引导对位，进行检查。看车皮封闭情况是否良好（即卡车、车窗、铅封、苦布等有无异状），根据运单和有关资料核对到货品名、规格、标识并清点件数；检查包装有无损坏或有无散包；检查是否有进水、受潮或其他损坏现象。在检查中如发现异常情况，应请运输部门派员复查，做出普通或商务记录，记录内容应与实际情况相符，以便交涉。

③卸车时要注意为商品验收和入库保管提供便利条件，分清车号、品名、规格，不混不乱；保证包装完好，不碰坏，不压伤，更不得自行打开包装。应根据商品的性质合理堆放，以免混淆。卸车后应在商品上标明车号和卸车日期。

④编制卸车记录，记明卸车货位、规格、数量，连同有关证件和资料，尽快向保

管人员交代清楚，办好内部交接手续。

（3）仓库自行提货

①仓库接受货主委托直接到供货单位提货时，应将接货与出验工作结合起来同时进行。

②仓库应根据提货通知了解所提取货物的性能、规格、数量，准备好提货所需要的机械、工具、人员，配备保管人员在供方当场检验质量、清点数量，并做好验收记录，提货与验收合并一次完成。

（4）库内接货

存货单位或供货单位将商品直接运送到仓库储存时，应由保管人员或验收人员直接与送货人员办理交接手续，当面验收并做好记录。若有差错，应填写记录，由进货人员签字证明，据此向有关部门提出索赔。

6.1.4　商品入库验收[①]

商品入库验收是指库管员在物品正式入库前按照一定的程序和手续对到库物品进行数量和外观质量的检查，以验证它是否符合订货合同规定的一项工作。

1. 商品入库验收的作用

商品入库验收不仅可以防止企业遭受经济损失，而且可以起到监督供货单位和承运商的作用，同时还可指导商品的保管及使用，具体表现在以下几个方面：

（1）商品入库验收可为物品保管和使用提供可靠依据。

（2）验收记录是货主退货、换货和索赔的依据。

（3）验收是避免物品积压，减少经济损失的重要手段。

（4）验收有利于维护国家利益。

2. 商品入库验收的程序

验收工作是一项技术要求高、组织严密的工作，关系到整个仓储业务能否顺利进行，因此，必须做到准确、及时、严格、经济。

验收作业的程序：验收准备、核对凭证、实物检验。

（1）验收准备

库管员接到到货通知后，应根据物品的性质和批量提前做好验收前的准备工作，大致包括以下内容：

①人员准备。安排好负责质量验收的技术人员或用料单位的专业技术人员，以及配合数量验收的装卸与搬运人员。

②资料准备。收集并熟悉待验物品的有关文件，例如，技术标准、订货合同等。

③器具准备。准备好验收用的检验工具，例如，衡器、量具等，并校验准确。

④货位准备。针对到库物品的性质、特点和数量，确定物品的存放地点和保管方法，其中，要为可能出现的不合格物品预留存放地点。

---

①　王煜洲. 现代仓储与配送运作管理[M]. 成都：西南财经大学出版社，2006.

⑤设备准备。大批量物品的数量验收，必须要有装卸与搬运机械的配合，应做好设备的申请调用。

此外，对于有些特殊物品的验收，例如，毒害品、腐蚀品、放射品等，还要准备相应的防护用品，计算和准备堆码、苫垫材料，对进口物品或存货单位指定需要进行质量检验的，应通知有关检验部门会同验收。

（2）核对凭证

入库物品必须具备下列凭证：

①业务主管部门或货主提供的入库通知单和订货合同副本，这是仓库接收物品的凭证。

②供货单位提供的材质证明书、装箱单、磅码单、发货明细表等。

③物品承运单位提供的运单。若物品在入库前发现残损情况的，还要有承运部门提供的货运记录或普通记录，作为向责任方交涉的依据。

（3）实物检验

实物检验就是根据入库单和有关技术资料对实物进行数量和质量检验。一般情况下，或者合同没有约定检验事项时，仓库仅对物品的品种、规格、数量、外包装状况进行检验，所以无须开箱、拆捆而可以直观地对可见可辨的外观质量情况进行检验。但是，在进行分拣、配装作业的仓库里，通常需要检验物品的品质和状态。

数量检验是保证物品数量准确的重要步骤。按物品性质和包装情况，数量检验主要有计件、检斤、检尺求积等形式。在进行数量验收时，必须与供货方采用相同的计量方法。采取何种方法计量应在验收记录中做出记载，出库时也要按同样的方法计量，避免出现误差。

①按件数供货或以件数为计量单位的物品，做数量验收时要清点件数。一般情况下，计件物品应全部逐一点清。对于固定件数包装的小件物品，如果包装完好，打开包装将不利于以后的物品保管，因此，通常情况下，国内物品只检查外包装，不拆包检查，而进口物品则按合同或惯例办理。

②按重量供货或以重量为计量单位的物品，做数量验收时有的采用检斤称量的方法，有的则采用理论换算的方法。按理论换算方法验数的，先要检尺，例如，金属材料中的板材、型材等，然后按规定的换算方法换算成重量。对于进口物品，原则上应全部检斤称量，但如果订货合同规定按理论换算方法计量交货的，则按合同规定办理。

③按体积供货或以体积为计量单位的物品，做数量验收时要先检尺后求积。例如，木材、竹材、砂石等。

在做数量验收之前，还应根据物品来源、包装好坏或有关部门规定确定对到库物品是采取抽验方式还是全验方式。

在一般情况下，数量检验应全验，即按件数全部进行点数；按重量供货的应全部检斤，按理论换算重量供货的应全部检尺，然后换算为重量，以实际检验结果的数量为实收数。对于大批量、同包装、同规格、较难损坏的物品，质量较高、可信赖的，则可以采用抽验的方式进行检验。

3. 商品验收中发现问题的处理

在物品验收过程中，如果发现物品数量或质量有问题，应该严格按照有关制度进行处理。验收过程中发现的数量和质量问题有可能发生在各个流通环节，应按照有关规章制度对问题进行处理，以利于分清各方的责任并促使有关责任部门吸取教训，改进今后的工作。

（1）凡属承运部门造成的货物数量短缺、外观破损等，应凭接运时索取的货运记录向承运部门索赔。

（2）如发生到货与订单、入库通知单或采购合同不符的情况，尽管运输单据上已标明本库为收货人的货物，仓库原则上也应拒收，或者同有关业务部门沟通后将货物置于待处理区域，并做相应的标记。

（3）凡必要的证件不齐全的，应将货物置于待处理区域并做相应的标记，待证件到齐后再进行验收。

（4）凡有关证件已到库但在规定时间内货物尚未到库的，应及时向供货单位反映，以便查询处理。

（5）供货单位提供的质保书与存货单位的进库单、合同不符的，做待处理货物等待处理，不得随意动用，并通知供货单位，按供货单位提出的办法处理。

（6）凡数量差异在允许的磅差以内的，仓库可按应收数入账；若超过磅差范围，应查对核实，做好验收记录并提出意见，送供货单位再行处理。该批货物在做出结案前，不准随意动用，待结案后才能办理入库手续。

（7）当规格、品质、包装不符合要求或错发时，应先将合格品验收，再将不合格品或错发部分分开并进行查对，核实后将不合格情况向收货人说明，并将货物置于不合格品隔离区域，做相应的标记。对于错发货物，应将货物置于待处理区域并做相应的标记，及时通知相关业务部门或货主，以便尽快处理。

（8）进口货物在订货合同上均规定有索赔期限，有问题必须在索赔期限内申报国家质量监督检验检疫总局（简称质检总局）检验出证，并提供验收报告及对外贸易合同和国外发货单、运输单据或提单、装箱单、磅码单、检验标准等单证资料，以供质检总局审核复验。若缺少必要的单证技术资料，应分别向有关外贸公司和外运公司索取，以便质检总局复验出证和向外办理索赔手续。

（9）对于需要对外索赔的货物，未经质检总局检验出证的，或经检验提出退货或换货的，出证应妥善保管，并保留好货物原包装，以供质检总局复验。

6.1.5 办理入库交接手续

入库交接手续是指仓库对收到的货物向送货人进行确认，表示已接收货物。
交接手续的内容主要如下：

1. 接收货物

验货后，将不良货物剔出、退回或编制残损单证等明确责任，并确定收到货物的确切数量、货物表面良好状态。

2. 接收文件

接收送货人送交的货物资料、运输货物的记录、普通记录等，以及随货附带，在运输单证上注明的相应文件，如图纸、准运证等。

3. 签署单证

仓库与送货人或承运人共同在送货人交来的送货单、交接清单上签署接收人姓名，并留存相应单证。

6.2　实训目的与要求

（1）使学生了解入库作业工作的环境。

（2）使学生了解入库作业的基本流程。

（3）使学生掌握入库作业仿真模拟实训的基本操作。

6.3　实训内容与步骤

1. 订单录入

单击【订单录入】按钮，打开"订单录入"对话框，选择客户名称、订单类型，添加需要入库的货品名称，单击【增加货品】按钮，打开"货品列表"对话框，如图6-1所示。

添加完货品名称后，若需要修改货品单位，则需要在"货品列表"中先选中要修改的货品，再单击【选择】按钮，打开的"包装单位列表"对话框如图6-2所示。

图6-1　"订单录入"对话框

图 6-2　修改货品单位

对数量进行添加，完成后如图 6-3 所示。

图 6-3　添加货品数量

上述订单信息确认无误后，单击对话框中的【生成】按钮，即可完成入库订单的录入。
进入 3D 虚拟物流仓储管理系统，单击【入库】按钮，开始进行入库各环节的操作过程。

2. 入库接单

单击【入库接单】按钮，打开"入库单"对话框，如图6－4所示。

图6－4　入库接单

选择刚填写过的入库作业单，单击对话框中的【查看】按钮，确认入库信息，并保存该入库单，如图6－5所示。

图6－5　确认入库信息

3. 入库验收

进入入库验收环节，这部分主要是库管员接收货物，确认货物品类、数目的一个过程，系统中以库管员和送货员的对话形式展现该段内容。"入库验收"说明如图6-6所示。

图6-6　入库验收说明

图6-6提示在验收过程中既可以选择"开始对话与验收"，也可以选择"跳过对话"。在这里单击【开始对话与验收】按钮。此时，操纵库管员走到收货月台，进行验收对话，如图6-7至图6-9所示。

图6-7　入库验收对话

图 6-8　"入库货物核对"对话

图 6-9　"入库验收完成"对话

　　入库对话和验收结束后，系统会自动将要入库的货物摆放在平堆区，如图 6-10 所示，至此入库验收作业结束。

4. 入库理货

　　进入入库理货环节，首先要进行货物堆码作业。系统左下角有托盘添加、移动、减少的操作按键。单击【添加】按钮，添加一个托盘，找到合适的位置，右击放置托盘，此时托盘的位置就固定了，不会再移动，如图 6-11 所示。

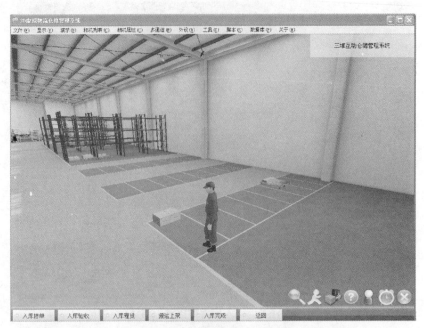

图 6 - 10　货物摆放于平堆区

图 6 - 11　添加托盘

　　单击【货物堆码】按钮，将货物摆放到托盘上。根据系统提示，此时人物固定不动，单击货物，有绿色四向箭头提示该货物可以移动，移动货物至托盘。货物移动过程中，左击表示放下货物，右击表示旋转货物。重复货物堆码操作，将所需货物全部放置在托盘上，即可完成堆码操作，此时单击【完成堆码】按钮，如图 6 - 12 所示。

图 6 – 12 货物堆码完成

单击【RF 扫描】按钮，扫描确认产品及所存放的托盘，RF 扫描界面如图 6 – 13 所示。

图 6 – 13 RF 扫描界面

单击【扫描】按钮，系统会将光标变成手持终端形状，将手持终端放到货品上，当货品颜色变红时表示已被识别，得到货品条码，如图6-14所示。

图6-14　RF扫描货品后得到条码界面

用同样的方法扫描托盘，扫描后界面如图6-15所示。

图6-15　RF扫描托盘后界面

扫描完毕后手持终端上会显示实际数量和货品的基本信息，单击手持终端操作界面中的【保存结果】按钮即可完成理货扫描操作。

单击【理货完成】按钮，进入理货完成确认界面，单击【完成】按钮即可完成所有的理货操作。

5.搬运上架

对理货完成的货品进行上架操作。

（1）上架扫描

在将货品上架前，应首先进行上架扫描。单击手持终端操作界面"储位标签"右侧的【扫描】按钮，将手持终端放在托盘上，读取出货品信息，这时系统会自动给货品分配储存的货架位置，如图6-16所示。

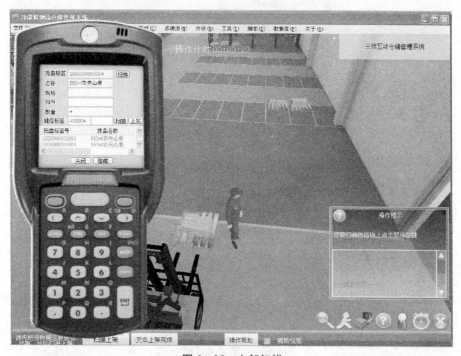

图6-16　上架扫描

（2）叉车操作

在上一个操作过程中，已经知道了货品的储位信息，这时就需要操作叉车将货品放置到指定的货架储位上。单击系统界面右下角叉车形状的按钮，就可以将操作视角切换至叉车。叉车视角观察仓库的情况，如图6-17所示。

操纵叉车将托盘叉起，其中，数字键"1"可以提升货物；数字键"2"可以放下货物。在操纵叉车时，系统会在左上角的视窗中显示辅助视角，如图6-18所示。

图 6 – 17 叉车操作视角界面

图 6 – 18 叉车叉取货物

操纵叉车至指定的货架位置，如图 6 – 19 所示。

操纵叉车，将货物放置在货架的指定储位上，如图 6 – 20 所示。

图 6 - 19　叉车运载货物

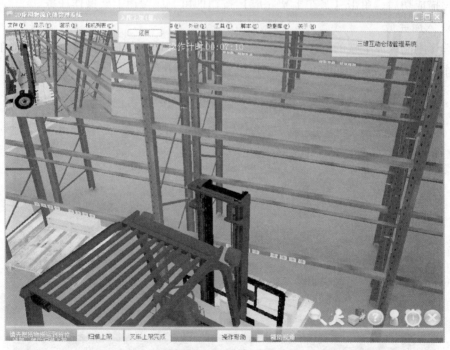

图 6 - 20　叉车卸载货物

单击系统上面对话框中的【还原】按钮，将扫描的操作界面显示出来，进行上架扫描。单击【扫描上架】按钮，鼠标变为手持终端形状，扫描货架上的标签，如图 6 - 21 所示。

图 6 - 21　扫描货架标签

扫描成功后，单击【叉车上架完成】按钮即可完成搬运上架操作任务。

6. 入库完成

选择刚刚入库上架的订单，单击手持终端操作界面中的【完成】按钮。整个货品的入库操作就此结束，如图 6 - 22 所示。

图 6 - 22　入库流程结束界面

6.4　思考题

1. 简述影响入库作业的因素。
2. 简述入库作业的主要内容。
3. 简述入库作业模拟实训的基本流程。

本章小结

本章介绍了入库作业相关背景知识，设计了关于入库作业操作的模拟仿真实验。通过学习本章，学生能加深对入库作业操作业务的认识与了解。

7 发货作业仿真模拟实训

7.1 背景介绍

7.1.1 发货作业的概念

发货作业是指商品存货的领用、消耗或交运至客户并过账的操作行为。发货作业的结果是可以减少仓库存货。

7.1.2 发货作业方式

发货作业方式一般有以下几种：

1. 托运

由仓库货物会计根据货主事先送来的发货凭证转开货物出库单或备货单，然后交给仓库保管员做好货物的配货、包装、集中、理货、待运等准备作业工作。没有理货员的仓库，应由仓库保管员负责进行集中、理货和待运工作，仓库保管员与理货员之间要办理货物交接手续，而后由仓库保管员（或直接由理货员）与运输人员办理点验交接手续，以便明确责任，最后由运输人员负责将货物运往车站、码头。

2. 提货

由提货人凭货主填制的发货凭证，用自己的运输工具到仓库提货。仓库货物会计根据发货凭证转开货物出库单。仓库保管员接证单配货，经专人逐项复核后，将货物当面点交给提货人员，并办理交钱手续，开出库货物单，由提货人员提走货物。

3. 取样

取样指货物所有者为介绍商品或检验货物而向仓储部门提取货样。在办理取样业务时，要根据货主填制的正式样品出库单转开货物出库单，在核实货物的名称、规格、牌号、等级和数量等项后备货，并经复核，将货物交提货人。

4. 移仓

移仓是因业务或保管需要而将储存的货物从某一仓位转移到另一仓位的发货方式。移仓分内部移仓和外部移仓。内部移仓填制仓储企业内部的移仓单并据此发货；外部移仓则根据货主填制的货物移仓单结算和发货。

5. 过户

过户是在不转移仓储货物的情况下，通过转账变更货物所有者的一种发货方式。

货物过户时，仍由原货主填制正式的发货凭证，仓库据此做过户转账处理。

7.1.3 发货作业要求

无论何种发货方式，均应按以下要求进行：

1. 准确

发货准确与否关系到仓储服务的质量。在短促的发货时间里要做到准确无误，这就要求在发货工作中要做好复核工作，认真核对提货单，从配货、包装直到交给提货人或运输人的过程，环环复核。

2. 及时

无故拖延发货是违约行为，这将造成经济上的损失。为掌握发货的主动，平时应注意与货主保持联系，了解市场需求的变动规律；同时，加强与运输部门的联系，预约承运时间。在发货的整个过程中，各岗位的责任人员应密切配合、认真负责，这样才能保证发货的及时性。

3. 安全

在货物出库作业中，要注意安全操作，防止作业过程中损坏包装，或震坏、压坏、摔坏货物；同时，应保证货物的质量。在同种货物中，应做到先进先出。对于已经变质的货物，应禁止发货。

7.1.4 发货作业准备

发货前的准备工作包括以下内容：

1. 原件货物的包装整理

货物经多次装卸、堆码、翻仓和拆检，可能会造成部分包装受损，不符合运输要求。因此，仓库必须视情况做好加固包装和整理工作。

2. 零星货物的组配、分装

有些货物需要拆零后出库，仓库应为此事先做好准备，备足零散货物，以免因临时拆零而延误发货时间；有些货物则需要进行拼箱。为此，应做好挑选、分类、整理和配套等准备工作。

3. 包装材料、工具、用品的准备

对从事装、拼箱或改装业务的仓库，在发货前应根据货物的性质和运输部门的要求，准备各种包装材料及相应的衬垫物，并准备好钉箱、打包等工具。

4. 待运货物的仓容及装卸机具的安排、调配

对于待出库的货物，应留出必要的理货场地，并准备必要的装卸搬运设备，以便运输人员提货发运。

5. 发货作业的合理组织

发货作业是一项涉及人员较多，处理时间较紧，工作量较大的工作，进行合理的人员组织是完成发货的必要保证。

7.1.5 发货作业程序

1. 验单

审核货物出库凭证，应注意审核货物提货单或调配单内容，特别应注意是否有被涂改过的痕迹。

2. 登账

对于审核无误的出库货物，仓库货物会计可凭证所列项目进行登记，核销存储量，并在发货凭证上标注发货货物存放的货区、库房、货位编号及发货后的结余数等；同时，转开货物出库单，连同货主开制的货物提货单一并交仓库保管员查对配货。

3. 配货

保管员对出库凭证进行复核，在确认无误后，按所列项目和标注进行配货。配货时应按"先进先出""易坏先出""已坏不出"的原则进行。

4. 包装

在货物出库时，往往需要对货物进行拼装、加固或换装等工作，这均涉及货物的包装。对货物包装的要求：封顶紧密、捆扎牢固、衬垫适当、标记正确。这项工作在大型仓库中由专职人员负责。

5. 待运

包装完毕，经复核员复核后的出库货物均需集中到理货场所，与理货员办理交接手续，理货员复核后，在出库单上签字或盖章，然后填制货物运单，并通知运输部门提货发运。

6. 复核

复核货物出库凭证的抬头、印鉴、日期是否符合要求，经复核不符合要求的货物应停止发货。对货物储存的结余数进行复核，查看是否与保管账目、货物保管卡上的结余数相符。对于不相符的情况，应及时查明原因。

7. 交付

仓库发货人员在备齐商品并经复核无误后，必须当面向提货人或运输人按单列货物逐件点交，明确责任，办理交接手续。在货物装车时，发货人员应在现场进行监装，直到货物装运出库。发货结束后，应在出库凭证的发货联上加盖"发讫"印戳，并留据存查。

8. 销账

上述发货作业完成后，需核销保管账、保管卡上的存量，以保证账、卡、货相一致。

7.1.6 发货作业复核

在货物运出仓库时，有以下三种发货复核方式：

1. 托运复核

仓库保管员根据发货凭证负责配货，由理货员或其他保管员对货单逐行逐项核对，即核对货物的名称、规格、货号、花色、数量和系数等，检查货物发往地与运输路线是否有误，复核货物的合同号、件号、体积、重量等运输标记是否清楚。经复核无误后，理货员或仓库保管员应在出库凭证上签字盖章。

2. 提货复核

仓库保管员根据货主填制的提货单和仓库转开的货物出库单所列货物名称、规格、牌号、等级、计量单位、数量等进行配货，由复核员逐项复核。复核正确无误并经复核人员签字后，由仓库保管员将货物当面交给提货人；未经复核或复核不相符的货物，不准出库。

3. 取样复核

仓库保管员按货主填制的正式样品出库单和仓库转开的货物出库单出货，核实无误，经复核员复核、签字后，将货物样品当面交给提货人，并办理各种交接、出库手续。

7.2　实训目的与要求

（1）使学生了解出库作业工作的环境。

（2）使学生了解出库作业的基本流程。

（3）使学生掌握出库作业仿真模拟实训的基本操作。

7.3　实训内容与步骤

1. 出库订单录入

单击【订单录入】按钮，在打开的对话框中填写出库订单信息。其中，在添加出库货品时，要注意选中【库存】单选按钮，以便从库存内直接出库，出库订单录入如图 7-1 所示。

图 7-1　出库订单录入

添加完出库货品信息后，填写出库数量，如图 7 - 2 所示。

图 7 - 2　填写货品出库数量

出库订单填写完毕，进入出库作业环节。

2. 出库接单

单击【出库接单】按钮，系统会弹出手持终端操作界面，选择刚录入的订单，单击手持终端操作界面中的【开始】按钮，进入出库理货状态，如图 7 - 3 所示。

图 7 - 3　出库接单

3. 出库调度

单击【出库调度】按钮，系统弹出提示信息：出库调度操作对出库订单进行拣选货位分配和打印出库单据。系统将会自动对出库货品进行货位分配，如图7-4所示。

图7-4　出库调度提示信息

4. 下架、理货

在将货品下架前，只有知道需要下架的货品存储的货架编号方可操纵叉车完成下架操作。因此，单击【下架扫描】按钮，在手持终端操作界面可以看到需要下架货品的储位信息，如图7-5所示。

图7-5　下架货品的储位信息

　　关闭手持终端操作界面，切换至叉车视角。操纵叉车从货架上将货品下架。选择需要下架货品的货架，将存放货物的托盘叉起，如图7-6所示。

图7-6　叉车叉取货物

　　操纵叉车，将托盘和货物放置到地面上，如图7-7所示。

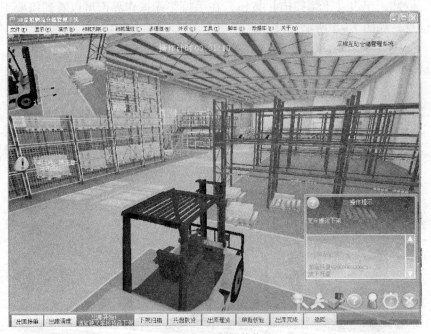

图7-7　叉车卸载货物

进入下架扫描阶段，单击【下架扫描】按钮，在手持终端操作界面选择需要扫描的货品条目，如图7-8所示。

图7-8　选择需扫描货品

单击手持终端操作界面中的【扫描】按钮，鼠标变为手持终端图标，将其放置在托盘上，待托盘颜色变红，即可完成托盘标签的扫描操作，如图7-9所示。

图7-9　扫描托盘标签

通过扫描托盘标签，手持终端操作界面会自动显示该托盘上存放货品的基本信息，如图 7 – 10 所示。

图 7 – 10　托盘货品信息显示界面

选择需要拣货的条目，单击手持终端操作界面中的【确认拣货】按钮，如图 7 – 11 所示。

图 7 – 11　确认拣货

待手持终端操作界面中刚刚拣货的条目消失，恢复到没有扫描前的界面，数据即可传递到系统后台，完成拣货作业，如图 7 - 12 所示。

图 7 - 12 拣货完成界面

本次选择的货品存储在两个储位，因此，要重复上述下架、理货的操作，将第 2 条下架拣货信息也录入处理，如图 7 - 13 所示。

图 7 - 13 拣选下一种货品

完成上述操作后，单击系统中的【出库理货】按钮，进入手持终端的出库理货操作界面，如图 7 - 14 所示。

图 7 - 14　手持终端出库理货操作界面

手持终端操作界面会显示出两条已经下架扫描过的出库信息，选中一条信息，单击【理货】按钮，系统会自动显示该货品的出库数量和名称，如图 7 - 15 所示。

图 7 - 15　手持终端理货操作界面

确认上述出库理货信息无误后，单击手持终端操作界面中的【保存结果】按钮，即可完成出库下架和理货操作。

5. 单据核验

单击系统中的【单据核验】按钮，系统会弹出提示信息，要求检查出库单据的出库货品数量与当前的实发数量是否一致，如图 7-16 所示。

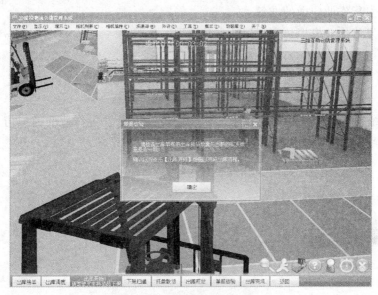

图 7-16　单据核验提示界面

6. 出库完成

单击系统中【出库完成】按钮，进入手持终端操作界面，在界面中选择出库的订单，如图 7-17 所示。

图 7-17　在手持终端操作界面选择出库订单

单击手持终端操作界面中的【完成】按钮即可完成整箱货品的出库操作流程。

7.4　思考题

1. 简述发货作业的方式。
2. 简述发货作业应做的准备。
3. 简述发货作业模拟仿真实训的主要流程。

本章小结

本章介绍了发货作业的相关背景知识，设计了关于发货作业的模拟仿真实验。通过本章的学习，学生能够加深对发货作业业务的认识与了解。

8 散货拣选仿真模拟实训

8.1 背景介绍

8.1.1 拣货作业的概念

拣货作业是依据客户的订货要求或配送中心的送货计划，尽可能迅速、准确地将货物从其储位或其他区域拣取出来，并按一定的方式进行分类、集中、等待配装送货的作业流程。

在配送中心搬运成本中，拣货作业的搬运成本约占90%；在劳动密集型的配送中心，与拣货作业直接相关的人力占50%；拣货作业时间占整个配送中心作业时间的30%~40%。因此，在配送作业各环节，拣货作业是整个配送中心作业系统的核心。合理规划与管理拣货作业，对提高配送中心作业效率具有决定性的影响。

8.1.2 拣货作业的功能

从各国的物流实践来看，大体积、大批量需求多采取直达、直送的供应方式。配送多为多品种、小体积、小批量的物流作业，而且工艺复杂，特别是对于客户多、需求频次高、送货时间要求高的配送服务，拣货作业的速度和质量不仅对配送中心的作业效率起决定性的作用，而且直接影响到整个配送中心的信誉和服务水平。因此，迅速、准确地将客户要求的商品集合起来，并通过分类、配装及时送交客户，是拣货作业最终的目的及功能。

8.1.3 拣货作业的基本过程

拣货作业的基本过程包括如下四个环节：

1. 拣货信息的形成

拣货作业开始前必须先行处理完成指示拣货作业的单据或信息。虽然一些配送中心直接利用客户订单或公司交货单作为拣货指示，但此类传票容易在拣货过程中受到污损而产生错误，因此，多数情况下仍需将原始传票转换成拣货单或电子信号，以使拣货员或自动拣取设备能进行更有效的拣货作业。但这种转换仍是拣货作业中的一大瓶颈。

利用 EOS（Electronic Ordering System，电子订货系统）直接将订货资讯通过计算机快速、及时地转换成拣货单或电子信号，是现代配送中心必须解决的问题。

2. 行走与搬运

拣货时拣货作业人员或机器必须直接接触并拿取货物，这样就形成了拣货过程中的行走与货物的搬运。这一过程有如下两种完成方式：

（1）人—物方式，即拣货人员以步行或搭乘拣货车辆方式到达货物储位。这一方式的特点是物静而人动。拣取者包括拣货人员、自动拣货机及拣货机器人。

（2）物—人方式，与第一种方式相反，这是拣取人员在固定位置作业而货物保持动态的方式。这种方式的特点是物动而人静，如轻负载自动仓储、旋转自动仓储等。

3. 拣货

无论是人工或机械拣取货物，都必须首先确认被拣货物的品名、规格、数量等内容是否与拣货信息传递的指示相一致。这种确认方式既可以通过人工目视读取信息，也可以利用无线传输终端读取条码，由电脑进行对比。后一种方式可以大幅度降低拣货的错误率。拣货信息被确认后，拣取的过程可以由人工或自动化设备完成。

4. 分类与集中

配送中心在收到多个客户的订单后可以形成批量拣取，然后根据不同客户或送货路线分类集中，有些需要进行流通加工的商品还需根据加工方法进行分类，加工完毕再按一定方式分类出货。多品种分类的工艺过程较复杂，难度也大，容易发生错误，必须在统筹安排形成规模效应的基础上提高作业的精确性。分类完成后，经过查对、包装，便可以出货了。

拣货作业消耗的时间主要包括四大部分：订单或送货单经过信息处理过程，形成拣货指示的时间；行走与搬运货物的时间；准确找到货物的储位并确认所拣货物及数量的时间；拣取完毕将货物分类集中的时间。

提高拣货作业效率主要是缩短以上四个作业时间。此外，防止发生拣货错误，提高储存管理账物相符率及顾客满意度，降低拣货作业成本，也是拣货作业管理的目标。①

8.1.4 拣货作业的主要方法

配送中心常用的拣货作业方式主要有两种：单一拣取、批量拣取。

1. 单一拣取

（1）单一拣取的几种方式

结合分区策略，具体又可以分为单人拣取、分区接力拣取和分区汇总拣取几种方式。

①单人拣取时可以一张订单由一个人从头到尾负责到底。此种拣货方式的拣货单只需将订单资料转为拣货需求资料。

②分区接力拣取是将存储区或拣货区划分成几个区域，一张订单由各区人员采取前后接力方式合力完成。

③分区汇总拣取是将存储区或拣货区划分成几个区域，先将一张订单拆成各区域所需的拣货单，再将各区域所拣取的商品汇集在一起。

---

① 崔利群，谢群英. 现代超市物流与配送［M］. 北京：经济管理出版社，2006.

（2）单一拣取的特点

一般来讲，单一拣取的准确度较高，很少有误差，并且机动灵活。这种方法可以根据客户要求调整拣货的先后次序；对于紧急需求，可以集中力量快速拣取；对机械化、自动化没有严格要求；一张货单拣取完毕后，货物便配置齐备，配货作业与拣货作业同时完成，简化了作业程序，有利于提高作业效率。

（3）单一拣取的主要适用范围

单一拣取方式比较适用的情况：客户不稳定，波动较大；客户需求种类不多；客户之间需求差异较大，配送时间要求不一。

2. 批量拣取

批量拣取是将数张订单汇总成一批，再将各订单相同的商品订购数量加起来一起拣取处理的方式。

（1）批量拣取的分批方式

批量拣取的分批方式主要有以下几种：

①按拣货单位分批，也就是将同一种拣货单位的品种汇总一起处理。

②按配送区域路径分批，也就是将同一配送区域路径的订单汇总一起处理。

③按流通加工需求分批，是将需加工处理或需相同流通加工处理的订单汇总一起处理。

④按车辆需求分批，也就是如果配送货物需特殊的配送车辆（如低温车、冷冻车、冷藏车），或客户所在地需特殊类型车辆者，可汇总合并处理。

（2）批量拣取的特点

与单一拣取相比，批量拣取因为将各用户的订单需求集中起来进行拣取，所以有利于进行拣取路线规划，减少不必要的重复行走。但其计划性较强，规划难度较大，容易发生错误。

（3）批量拣取的适用范围

批量拣取比较适合客户稳定而且客户数量较多的专业性配送中心，需求数量可以有差异，配送时间要求也不太严格，但品种共性要求较高。

8.1.5 拣货策略

拣货策略是影响拣货作业效率的关键，主要包括分区、订单分割、订单分批、分类四个因素，这四个因素相互作用可产生多个拣货策略。

1. 分区

分区是指对拣货作业场地进行区域划分。主要的分区原则有以下三种：

（1）按拣货单位分区

按拣货单位分区，如将拣货区分为箱装拣货区、单品拣货区等，基本上这一分区与存储单位分区是相对应的，其目的在于将存储与拣货单位分类统一，以便拣取与搬运单元化。

（2）按物流量分区

按物流量分区，是按各种货物出货量的大小及拣取次数的多少进行分类，再根据各组群的特征决定合适的拣货设备及拣货方式。这种分区方法可以减少不必要的重复行走，提高拣货效率。

（3）按工作分区

按工作分区，是指将拣货场地划分为几个区域，由专人负责各个区域的货物拣选。这种分区方法有利于拣货人员记忆货物存放的位置，熟悉货物品种，缩短拣货所需时间。

2. 订单分割

当订单所订购的货物种类较多，或设计一个要求及时、快速处理的拣货系统时，为了能在短时间内完成拣货处理，需要将一份订单分割成多份子订单，交给不同的拣货人员同时进行拣货。需要注意的是，订单分割要与分区原则结合起来，这样才能取得较好的效果。

3. 订单分批

订单分批是将多张订单集中起来进行批次拣取的作业。订单分批的方法有多种：

（1）按总合计量分批

在拣货作业前将所有订单中的订货量按品种进行累计，然后按累计的总量进行拣取，其好处在于可以缩短拣取路径。

（2）按时窗分批

在存在紧急订单的情况下，可以开启短暂而固定的 5 分钟或 10 分钟的时窗，然后将这一时窗的订单集中起来进行拣取。这一方式非常适合到达间隔时间短而平均的订单，常与分区及订单分割联合运用，但不适宜订购量大及品种过多的订单。

（3）固定订单量分批

在这种分批方法下，订单按照先到先处理的原则，积累到一定量后即开始拣货作业。这种分批方法可以维持较稳定的作业效率。

（4）智能型分批

智能型分批是订单输入电脑后将拣取路径相近的各订单集合成一批的订单分批方法。这种方法可以有效减少重复行走的距离。

4. 分类

如果采用分批拣货策略，还必须明确相应的分类策略。分类的方法主要有两种：一是在拣取货物的同时将其分类到各订单中；二是集中分类，先批量拣取，然后再分类，可以利用人工集中分类，也可以利用自动分类机进行分类。[①]

8.2 实训目的与要求

（1）使学生了解散货拣选工作的环境。

（2）使学生了解散货拣选工作的基本流程。

---

① 王燕，蒋笑梅. 配送中心全程规划[M]. 北京：机械工业出版社，2004.

（3）使学生掌握散货拣选仿真模拟实训的基本操作。

8.3　实训内容与步骤

1. 订单录入

散货拣选的过程其实是散件出库的过程，因此，要以出库单作为依据。进行散货拣选操作时要先建立一个出库单，单击系统中的【订单录入】按钮，打开的对话框如图 8 – 1 所示。

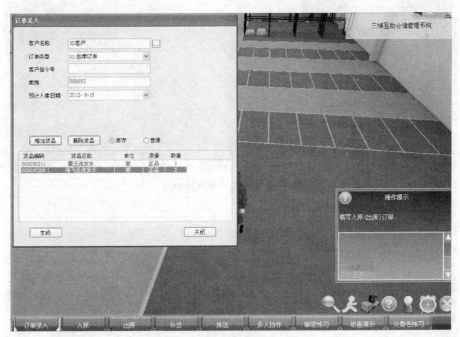

图 8 – 1　录入出库订单

在对话框中选择添加的货品时，要先选中【库存】单选按钮，查询库存余量，然后选择需要拣选的货品。订单填写完毕单击对话框中的【生成】按钮即可。

2. 拣选订单处理

进入拣选作业环节，单击系统中的【出库单选择】按钮，打开手持终端拣选订单选择界面，如图 8 – 2 所示。

单击手持终端操作界面中的【开始】按钮，进入理货作业状态。

3. 拣选作业

单击系统中的【开始拣选】按钮，系统会弹出需要拣选货品的"订单信息"对话框，显示货品所在的货架位置、拣选数量等信息，如图 8 – 3 所示。

单击"订单信息"对话框中的【确定】按钮。

操纵仓库保管员，进入电子拣选货架。此时，系统会自动将需要拣选的货品的储位的指示灯点亮，如图 8 – 4 所示。

仓储仿真模拟实验教程

图 8-2　拣选订单选择界面

图 8-3　"订单信息"对话框

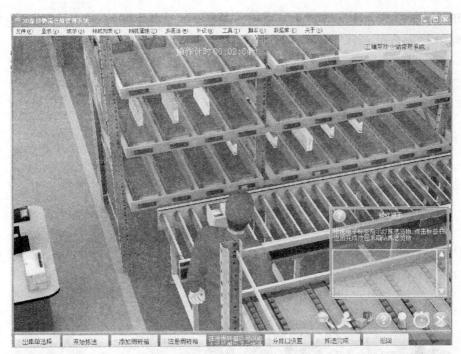

图 8 - 4　显示需拣选货品的储位

　　单击系统中的【添加周转箱】按钮，右击，将周转箱添加到传送带上，如图 8 - 5 所示。

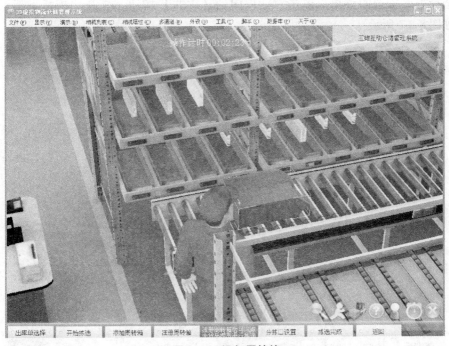

图 8 - 5　添加周转箱

　　单击系统中的【注册周转箱】按钮，系统会弹出"电子拣选"的关联信息对话框，如图8-6所示。

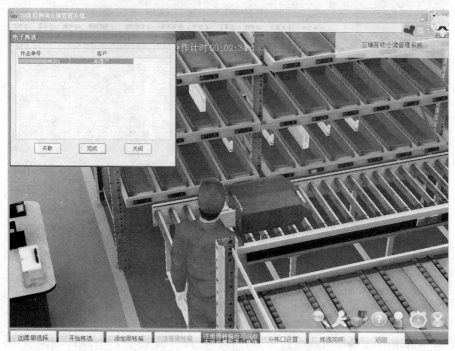

图8-6　"电子拣选"对话框

　　选择需要拣选的订单，单击对话框中的【关联】按钮，打开"拣货下架"对话框，如图8-7所示。

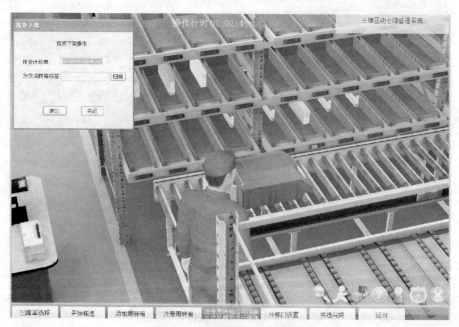

图8-7　"拣货下架"对话框

此时，鼠标变为手持终端图标，将图标放置在周转箱上，如图8－8所示。

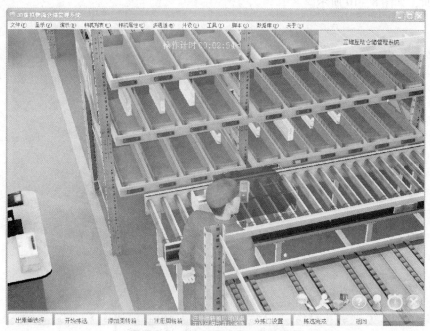

图8－8   手持终端扫描周转箱

系统会自动读取出周转箱的标签，如图8－9所示。

图8－9   显示周转箱标签

单击对话框中的【确定】按钮，将周转箱的信息录入系统，并返回到"电子拣选"操作界面，如图8-10所示。

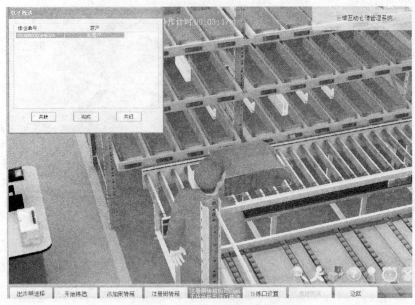

图8-10 "电子拣货"操作界面

单击对话框中的【完成】按钮，即可完成周转箱的注册、关联操作了。

此时可以进行拣选操作，将鼠标放置到需要拣选的货物上，单击该货物，系统会自动将货物放置到周转箱内，如图8-11所示。

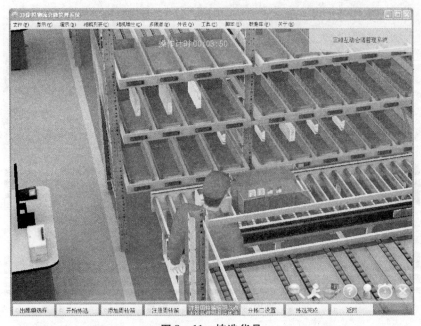

图8-11 拣选货品

当按照拣选单将货物拣选完毕后，要选择周转箱的分拣口。单击系统中的【分拣口设置】按钮，打开"电子拣选分拣口设置"对话框，如图 8 – 12 所示。

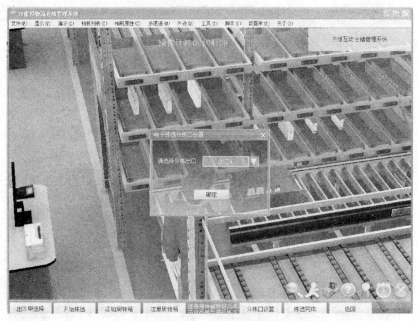

图 8 – 12　分拣口设置

选定分拣口后，单击对话框中的【确定】按钮。此时拣选作业的主要环节都已操作完毕。单击系统中的【拣选完成】按钮，系统弹出"拣选完成"对话框，如图8 – 13所示。

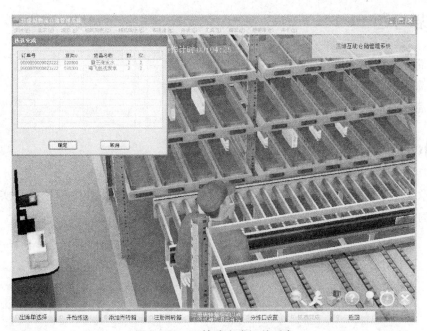

图 8 – 13　已拣选完成订单列表

单击对话框中的【确定】按钮，系统会自动将周转箱按照设置的分拣口分拣出货，如图 8 - 14 所示。

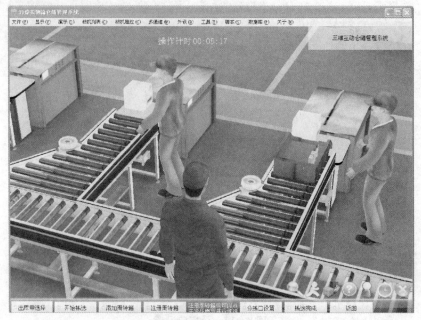

图 8 - 14　分拣出货界面

至此，分拣作业的所有环节已操作完毕。单击系统中的【返回】按钮，可以返回系统的操作主界面。

8.4　思考题

1. 简述散货拣选仿真模拟实训的基本流程。
2. 简述拣货作业的主要方法。
3. 简述基本的拣货策略。

本章小结

本章介绍了拣货作业的相关背景知识，设计了关于拣货作业的模拟仿真实验。通过本章的学习，学生能加深对拣货作业业务的认识与了解。

9 补货作业仿真模拟实训

9.1 背景介绍

9.1.1 补货作业的概念

补货作业是将货物从仓库保管区域搬运到拣货区的工作。

补货作业主要包括确定所需补充的货物；领取商品；做好上架前的各种打理、准备工作；补货上架。

9.1.2 补货的流程

在营业高峰前和结束营业前容易缺货，店长应要求店员及时发现商品缺货情况并进行补货。补货以补满货架、端架或促销区为原则，尽量不堵塞通道，不妨碍顾客自由购物，补货时要注意保持卖场的清洁。

补货前要先对系统的库存数据进行确认，确定属于缺货时，将暂时缺货标签放置在货架上。补货品项依促销品项、主力品项、一般品项的重要等级依次补货上架。有保质期限的商品和食品必须遵循先进先出的原则。

补货时要注意检查商品的质量、外包装及条码是否完好，价格标签是否正确，按区域依货架的顺序进行补货。店员可在不改变陈列位置和方法的前提下进行补货。

货架补齐后，要及时清理通道的垃圾和存货，垃圾送到指定点，存货送回库存区。

9.1.3 平常补货应注意的事项

补货应注意的事项如下：

（1）已变质、受损、破包、受污染、过期、条码错误的商品，严禁出售。

（2）需要补货时，必须先整理排面，维持好陈列柜的清洁。

（3）补货时要利用工具（平板车、五段车、周转箱等）进行补货，以减少员工的体力支出，提高工作效率。

（4）叠放在栈板上的货品，重量及体积大的货品应放在下层，体积小和易坏的货品放在上层，并且摆放整齐。

（5）补货完毕后速将工具、纸箱等整理干净。

（6）补货完毕后需检查价格是否与商品相对应。

（7）补货时商品要轻拿轻放，避免因重摔而影响商品的质量。

（8）补货和配货的概念不能混淆。

9.1.4　补货方式

补货方式主要有以下几种：

1. 整箱补货

整箱补货指由货架保管区补货到流动货架的拣货区。这种补货方式的保管区为料架储放区，这种拣货区为两面开放式的流动棚拣货区。拣货员拣货之后把货物放入输送机并运到发货区，当流动棚拣货区的存货低于设定标准时，则进行补货作业。这种补货方式由作业员到货架保管区取货箱，再用手推车载箱至拣货区，较适合体积小且少量多样出货的货品。

2. 托盘补货

托盘补货方式是以托盘为单位进行补货。托盘由地板堆放保管区运到地板堆放货架动管区，拣货时把托盘上的货箱置于中央输送机送到发货区。当存货量低于设定标准时，立即补货，使用堆垛机把托盘由保管区运到拣货动管区，也可把托盘运到货架动管区进行补货。这种补货方式适合体积大或出货量多的货品。

3. 货架上层—货架下层的补货方式

保管区与动管区属于同一货架，也就是将同一货架上的中、下层作为动管区，上层作为保管区，而进货时则将动管区放不下的多余货箱放到上层保管区。当动管区的存货低于设定标准时，利用堆垛机将上层保管区的货物搬至下层动管区。这种补货方式适合于体积不大、存货量不高且多为中小量出货的货物。①

9.1.5　补货时机②

补货作业的发生与否主要看拣货区的货物存量是否符合需求，因此，究竟何时补货，要看拣货区的存量，以避免出现在拣货中才发现拣货区货量不足需要补货的情况，影响整个拣货作业。通常，可采用批次补货、定时补货和随机补货三种方式。

1. 批次补货

在每天或每一批次拣取之前，经电脑计算所需货品的总拣取量和拣货区的货品量，计算出差额并在拣货作业开始前补足货品。这种补货方式比较适合一天内作业量变化不大、紧急追加订货不多或是每一批次拣取量需事先掌握的情况。

2. 定时补货

定时补货是将每天划分为若干个时段，补货人员在时段内检查拣货区货架上的货品存量，如果发现不足，马上予以补足。这种"定时补足"的补货方式，比较适合分

---

① 方玲玉，张为民．物流信息管理［M］．长沙：湖南人民出版社，2007．

② 李创，王丽萍．物流管理［M］．北京：清华大学出版社，2008．

批拣货时间固定且处理紧急追加订货的时间也固定的情况。

3. 随机补货

随机补货是一种指定专人从事补货作业的方式,这些人员随时巡视拣货区的分批存量,发现不足随时补货。此种"不定时补足"的补货方式,比较适合于每批次拣取量不大、紧急追加订货较多以至一天内作业量很难事前掌握的情况。

9.2 实训目的与要求

(1) 使学生了解补货作业工作的环境。
(2) 使学生了解补货作业工作的基本流程。
(3) 使学生掌握补货作业仿真模拟实训的基本操作。

9.3 实训内容与步骤

1. 补货订单录入

进入补货作业环节,单击系统中的【补货单生成】按钮,进入补货单据的填制界面,"补货单"对话框如图 9 − 1 所示。

图 9 − 1 "补货单"对话框

单击对话框中的【新增】按钮,在打开的"新增补货单"对话框中填写补货单信息。其中,"源区编码"表示货品下架的区域,"待补货区编码"通常为电子拣选区,如图 9 − 2 所示。

图 9 - 2　填写"新增补货单"信息

单击对话框中的【生成补货单】按钮，系统会返回补货单添加界面，如图 9 - 3 所示。

图 9 - 3　补货单添加界面

选择订单，单击对话框中的【查看】按钮，可以看到系统生成的补货信息。补货信息中的货品和数量是系统根据库存情况、货品补货点的设置情况自动生成的，订单中会给出需要下架货品的储位信息等。"查看补货单"对话框如图9-4所示。

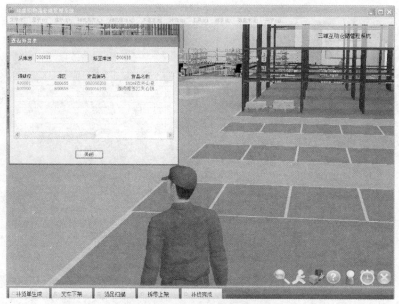

图9-4　补货单货品信息列表界面

订单查看完毕后,返回"补货单"录入界面,如图9-5所示。

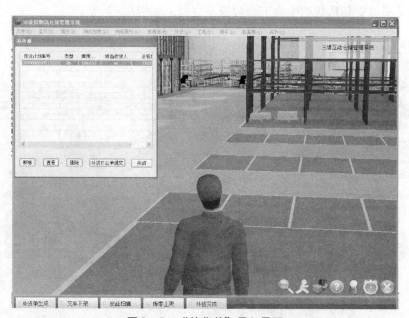

图9-5　"补货单"录入界面

单击对话框中的【补货作业单提交】按钮,即可完成补货单的录入操作。

2. 下架扫描

单击系统中的【叉车下架】按钮,系统会转换成叉车视角,根据补货单的提示,操纵叉车到指定的储位提取货品，如图 9 – 6 所示。

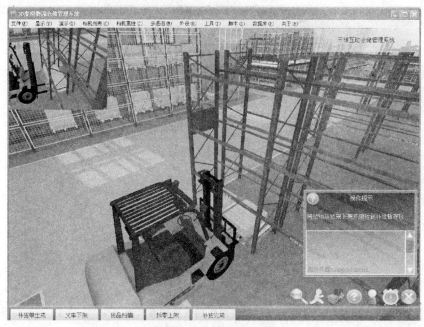

图 9 – 6 叉车提取货品

操纵叉车将货品从货架上取下，放置在空位，如图 9 – 7 所示。

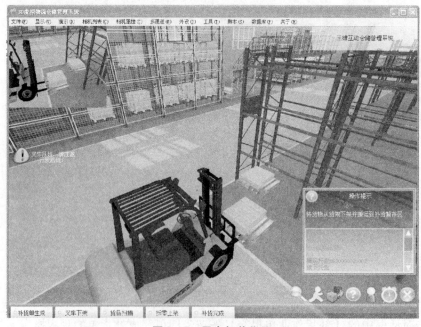

图 9 – 7 叉车卸载货品

单击系统中的【货品扫描】按钮，打开"补货下架"对话框，进入货品下架扫描操作界面，如图 9 - 8 所示。

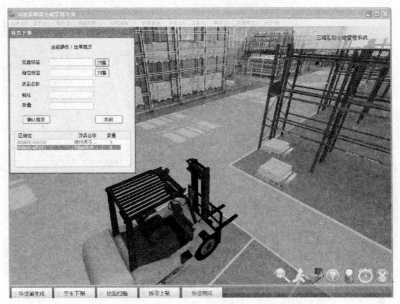

图 9 - 8 "补货下架"对话框

单击对话框中的【扫描】按钮，鼠标变为手持终端形状，将其放置在取出的托盘上，扫描托盘编码，如图 9 - 9 所示。

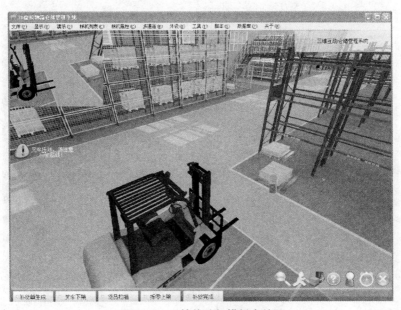

图 9 - 9 手持终端扫描托盘编码

扫描后托盘上货品的信息会显示在"补货下架"对话框中，如图 9 - 10 所示。

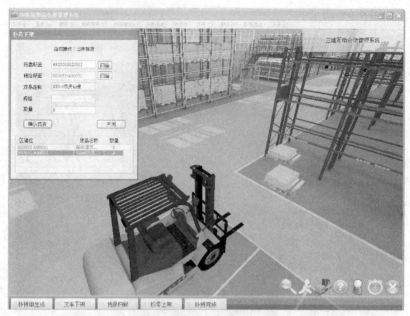

图 9 – 10 托盘信息显示界面

核对出库数量,单击对话框中的【确认拣货】按钮,待"补货下架"界面的该条信息消失,即代表信息已经录入后台,如图 9 – 11 所示。

图 9 – 11 确认拣货

3. 拆零上架

对已经下架扫描的货品,还需要进行拆零处理,并将货品存储到电子拣选区。

单击系统中的【拆零上架】按钮,系统会提示这部分的操作方法,将鼠标移至需要处理的货品上右击，系统会弹出补货信息，如图 9 – 12 所示。

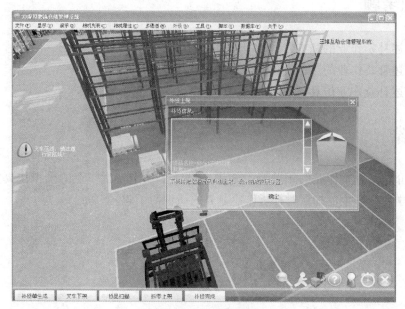

图 9 – 12　显示补货信息

对上述信息确认无误后，单击对话框中的【确定】按钮，即可完成拆零上架的操作内容。

4. 补货完成

上述操作完毕，单击系统中的【补货完成】按钮，至此，整个补货操作过程全部结束。补货完毕后，补货源区的储位将被空置出来，如图 9 – 13 所示。

图 9 – 13　补货完成界面

9.4　思考题

1. 简述补货作业的基本方式。
2. 简述补货作业的基本流程。
3. 简述补货作业仿真模拟实训的关键环节。

本章小结

本章介绍了补货作业的相关背景知识，设计了关于补货作业的模拟仿真实验。通过本章的学习，学生能加深对补货作业业务的认识与了解。

10 仓库布局仿真模拟实训

10.1 背景介绍

10.1.1 仓库[①]

1. 仓库的概念

仓库由储存物品的库房、运输传送设施（如吊车、电梯、滑梯等）、出入库房的输送管道和设备及消防设施、管理用房等组成。

《诗经·小雅·甫田》有"乃求千斯仓"句，可知仓库建筑源远流长。现代仓库更多地考虑经营上的收益而不仅仅为了储存，这是同旧式仓库的区别所在。因此，现代仓库从运输周转、储存方式和建筑设施上都重视通道的合理布置、货物的分布方式和堆积的最大高度，并配置经济、有效的机械化、自动化存取设施，以提高储存能力和工作效率。

常见的仓库类别有单层仓库、多层仓库、圆筒形仓库、保税仓库等。此外，我国现阶段还出现了以寄存物品为业务的迷你仓雏形，一些大的仓库提供小面积的存储服务，这类服务是将物品堆放在大仓库里，物与物之间没有明显的间隔，因此缺乏安全性和隐秘性。大部分地区都不具备发展迷你仓的条件，迷你仓现阶段只在我国的上海、北京、深圳等一线城市悄然走俏。

2. 仓库的分类

（1）按货架高度分类

根据货架高度不同，可细分为高层立体仓库（15m 以上）、中层立体仓库（5～15m）及低层立体仓库（5m 以下）等。高层立体仓库造价过高，对机械装备要求特殊且安装难度较大，因而相对建造较少；低层立体仓库主要用于老库改造，是提高老库技术水平和库容的可行之路；应用较多的是中层立体仓库。

按货架构造分类，可分为单元货格式立体仓库、贯通式立体仓库、自动化柜式立体仓库、条形货架立体仓库。

（2）按操作方式分类

人工寻址、人工装取方式：由人工操作机械运行并在高层货架上认址，然后由人工将货物由货架取出或将搬运车上的货物装入货架。

---

① 熊金福. 仓库管理实用手册[M]. 广州：广东旅游出版社，2016.

自动寻址,人工装取方式:按输入的指令,机械自动运行寻址认址,运行到预定货位后,自动停住,然后由人工装货或从货架中取货。

自动寻址、自动装取方式:此操作方式是无人操作方式,按控制者的指令或计算机出库、入库的指令进行自动操作。

以上三种方式中,人工寻址、人工装取方式主要适用于中、低层立体仓车,另两种方式适用于中、高层立体仓库。

(3)按功能分类

储存式立体仓库,以大量存放货物为主要功能,货物种类不多,但数量大,存期较长。各种密集型货架的立体仓库都适于做储存式立体仓库。

拣选式立体仓库,以大量进货,多用户、多种类、小批量发出为主要功能的立体仓库。这类仓库要创造方便拣选和快速拣选的条件,因此,往往采取自动寻址认址的方式。因为用户需求差异较大,难以整进整出,所以不适合用自动化无人作业方式,而使用人工拣选方式。拣选式立体仓库较多用于配送中心。

(4)按用途分类

按照仓库在商品流通过程中所起的作用可以分为以下几种:

①批发仓库。批发仓库主要是用于储存从采购供应库场调进或在当地收购的商品,这一类仓库一般贴近商品销售市场,规模同采购供应仓库相比要小一些,它既从事批发供货,也从事拆零供货业务。

②采购供应仓库。采购供应仓库主要用于集中储存从生产部门收购的和供国际间进出口的商品,这一类的仓库库场一般设在商品生产比较集中的大、中城市,或商品运输枢纽所在地。

③加工仓库。仓库具有加工延迟功能,一般具有产品加工能力的仓库被称为加工仓库。

④中转仓库。中转仓库处于货物运输系统的中间环节,存放那些等待转运的货物,一般货物在此仅做临时停放,这一类仓库一般设置在公路、铁路的场站和水路运输的港口码头附近,以方便货物在此等待装运。

⑤零售仓库。零售仓库主要用于为商业零售业做短期储货,一般是提供店面销售,零售仓库的规模较小,所储存物资周转快。

⑥储备仓库。储备仓库一般由国家设置,以保管国家应急的储备物资和战备物资。货物在这类仓库中储存时间一般比较长,并且储存的物资会定期更新,以保证物资的质量。

⑦保税仓库。保税仓库是指为国际贸易的需要,设置在一国国土之上,但在海关关境以外的仓库。外国企业的货物可以免税进出这类仓库而办理海关申报手续,而且经过批准后,可以在保税仓库内对货物进行加工、存储等作业。

(5)按货物特性分类

①原材料仓库。原材料仓库是用来储存生产所用的原材料的,这类仓库一般比较大。

②产品仓库。产品仓库的作用是存放已经完成的产品,但这些产品还没有进入流通区域,这种仓库一般附属于产品生产工厂。

③冷藏仓库。它是用来储藏那些需要进行冷藏储存的货物的,一般是农副产品、

药品等对于储存温度有要求的物品。

④恒温仓库。恒温仓库和冷藏仓库一样也是用来储存对于储藏温度有要求的产品的。

⑤危险品仓库。危险品仓库从字面上就比较容易理解，它是用于储存危险品的，危险品由于可能对人体以及环境造成危险，所以在此类物品的储存方面一般会有特定要求，如许多化学用品就是危险品，它们的储存都有专门的条例。

⑥水面仓库。对于像圆木、竹排等能够在水面上漂浮的物品来说，它们是可以储存在水面上的，水面仓库就是用来储存这类物品的。

(6) 按建筑形式分类

①单层仓库。适于储存金属材料、建筑材料、矿石、机械产品、车辆、油类、化工原料、木材及其制品等。水运码头仓库、铁路运输仓库、航空运输仓库多用单层建筑，以加快装卸速度。单层仓库的总平面设计要求道路贯通，装运的汽车、铲车能直接进出仓库。这种仓库一般采用预制钢筋混凝土结构，柱网一般柱距为 6m，跨度为 12m、15m、18m、24m、30m、36m 不等。地面堆货荷载大的仓库，跨度宜大。库内吊车的起重能力根据储存货物单件的最大重量确定。起重量在 5t 以下的，可用单梁式吊车或单轨葫芦；大于 5t 的，可用桥式吊车。仓库要求防潮。如供储存易燃品之用，应采用柔性地面层防止产生火花。屋面和墙面均应不渗水、不漏水。

②多层仓库。一般储存百货、电子器材、食品、橡胶产品、药品、医疗器械、化学制品、文化用品、仪器仪表等。底层应有卸货装货场地，装卸车辆可直接进入。货物的垂直运输一般采用 1.5～5t 的运货电梯。应考虑装运货手推车或铲车能开入电梯间，以加快装卸速度。多层仓库常用于滑梯卸货。

滑梯多用钢筋混凝土结构，水磨石打蜡做面层；也可用金属骨架，钢板面层，但要防止钢板生锈，或用不锈钢板做面层。多层仓库如单位荷载大于 500kg，可用无梁楼盖。仓库内一般不粉刷，原浆勾缝刷白即可；储存百货、药品、食品、服装的仓库内要粉刷，以防缝中藏虫。多层仓库中的"立体仓库"的存储和提货应用电子计算机，实现机械化。这种仓库占地面积小，节省人力，但储存货物类别有一定范围。

③圆筒形仓库。一般储存散装水泥、干矿渣、粉煤灰、散装粮食、石油、煤气等气体。圆筒形仓库的建筑设计根据储存物品的种类和进、卸料方式确定。库顶、库壁和库底必须防水、防潮，库顶应设吸尘装置。为便于日常维修，要设置吊物孔、人孔（库壁设爬梯）、量仓孔和起重吊钩等。圆筒形仓库一般用现浇预应力钢筋混凝土结构，用滑模法施工。储油库和储气库则用金属结构。要注意仓库的通风，每层仓库的外墙上均应设置百叶窗，百叶窗外加金属网，以防鸟雀。危险品库如储油（气）或储化工原料的仓库必须防热、防潮，在屋面上加隔热层或按防爆屋面设计，出入口设置防火隔墙，地面用不产生火花的材料，一般可用沥青地面。储油库要设置集油坑。食品仓库要防蚁防蜂。

④立体仓库。货架自动化立体仓库简称立体仓库。一般是指采用几层、十几层乃至几十层高的货架储存单元货物，用相应的物料搬运设备进行货物入库和出库作业的仓库。由于这类仓库能充分利用空间储存货物，故常形象地将其称为"立体仓库"。

自动化立体仓库也叫自动化立体仓储，是物流仓储中出现的新概念，利用立体仓库设备可实现仓库高层合理化、存取自动化、操作简便化。自动化立体仓库是当前技术水平较高的形式。自动化立体仓库的主体由货架、巷道式堆垛起重机、入（出）库工作台和自动运进（出）及操作控制系统组成。货架是钢结构或钢筋混凝土结构的建筑物或结构体，货架内是标准尺寸的货位空间，巷道堆垛起重机穿行于货架之间的巷道中，完成存、取货的工作。管理上采用计算机及条码技术。

10.1.2　仓库布局

仓库布局是指在一定区域或库区内对仓库的数量、规模、地理位置和仓库设施道路等各要素进行科学规划和整体设计。

1. 仓库布局的原则

（1）尽可能采用单层设备，这样做造价低，资产的平均利用效率相对也较高。

（2）使货物在出入库时单向和直线运动，避免逆向操作和大幅度改变方向的低效率运作。

（3）采用高效率的物料搬运设备及操作流程。

（4）在仓库里采用有效的存储计划。

（5）在物料搬运设备大小、类型、转弯半径的限制下，尽量减少通道所占用的空间。

（6）尽量利用仓库的高度，也就是说，有效地利用仓库的容积。

2. 功能要求

（1）仓库位置应便于货物的入库、装卸和提取，库内区域划分明确、布局合理。

（2）集装箱货物仓库和零担仓库尽可能分开设置，库内货物应按发送、中转、到达货物分区存放，并分线设置货位，以防事故的发生；要尽量减少货物在仓库的搬运距离，避免任何迂回运输，并要最大程度地利用空间。

（3）有利于提高装卸机械的装卸效率，满足先进的装卸工艺和设备的作业要求。

（4）仓库应配置必要的安全、消防设施，以保证安全生产。

（5）仓库货门的设置，既要考虑集装箱和货车集中到达时的同时装卸作业要求，又要考虑因增设货门而造成的堆存面积的损失问题。[1]

3. 目标[2]

（1）保护目标

我们可以制定一些通用的指导方法来实现保护的目标：第一，应该把危险物品如易爆、易燃、易氧化的物品与其他物品分开，以减小损坏的可能性；第二，应该保护需要特殊安全设施的产品，以防被盗；第三，应该对需要温控设备如冰箱或者加热器的物品进行妥善安置；第四，仓库人员应该避免将需要轻放或易碎的物品与其他物品叠放，以防损坏。

---

①　孙家庆，杨永志. 仓储与配送管理［M］. 北京：中国人民大学出版社，2016.

②　孙朝苑. 企业物流规划与管理［M］. 成都：西南交通大学出版社，2008.

（2）效率目标

效率目标有两个含义：第一，仓库空间要有效利用，即要利用现有设施的高度，减少过道的空间；第二，仓库里台架的布局要合理，以减少人工成本和搬运成本。

（3）适度机械化

机械化系统的使用大大提高了分销效率。机械化通常在以下情况中最为有效：物品形状规则，容易搬运时；订单选择活动较为频繁时；产品数量波动很小且大批量移动时。在投资于机械化、自动化时，我们应考虑相关风险，包括因为技术的快速变化而引起的设备磨损和贬值，以及大规模投资的回报问题等。

4. 模式

（1）辐射型仓库

仓库位于许多用户的一个居中位置，货物由此中心向各个方向的用户运送，形如辐射状。它适用于用户相对集中的经济区域，而辐射面所达用户只起吸引作用，或者适用于仓库是主干运输线路中的一个转运站的情况。

（2）吸收型仓库

仓库位于许多货主的某一居中位置，货物从各个产地向此中心运送。这种仓库大多属于集货中心。

（3）聚集型仓库

聚集型仓库类似于吸收型仓库，但处于中心位置的不是仓库，而是一个生产企业聚集的经济区域，四周分散的是仓库，而不是货主和用户。此类型仓库布局适用于经济区域中生产企业比较密集，不可能设置若干仓库的情况。

（4）扇形仓库

货物从仓库向一个方向运送，形成一个扇形形状，其辐射方向与干线上的运输运动方向一致。这种仓库布局适用于在运输主干线上仓库距离较近，下一个仓库的上方向区域恰好是上一个仓库的合理运送区域的情况。

5. 影响因素

影响仓库布局的因素有很多，主要包括以下几点：

（1）工农业生产布局

流通部门的工农业仓库受工农业生产布局的制约，因此，仓库的布局必须以我国资源的分布情况、工农业生产部门的配置、不同地区的生产发展水平及发展规划为依据。这就是说，在进行仓库布局时要充分研究工农业生产布局，注意各地区生产和物质产品的特点，以及这些物质产品进入流通过程的规律，以适应工农业产品收购、储存和调运的需要。

（2）货物需求量的分布

我国各地区经济发展很不平衡，人们的生产消费水平也各不相同，因此，各地区对各种货物需求量的多少也有所不同，尤其是对生活消费品的需求，更是五花八门。因此，研究不同地区的消费特征，考虑各种货物的销售市场的分布及销售规律，是仓库布局的另一个重要依据。这就是说，仓库的分布与商品市场的分布应保持一致。

（3）经济区域

所谓经济区域，是结合了生产力布局、产销联系、地理环境、交通运输条件等自然形成的经济活动区域的简称。因此，按照经济区域组织流通，合理分布仓库，对于加速物流速度、缩短运输路线、降低物流费用，都有重要的意义。

（4）交通运输条件

交通运输条件是组织物流活动的基本条件之一，交通不便势必会造成货物储存和交通运输困难。因此，在仓库布局上，要特别重视交通运输条件，仓库地址应尽量选择在具有铁路、公路、水路等运输方便和可靠的地方，这是合理组织物流的基础。

仓库的布局还应根据组织流通的需要，以及我国现有仓库设施和批发、零售网点的分布状况，合理布局仓库，这也是应考虑的因素。

总之，仓库的合理布局是在综合考虑上述因素的基础上，根据有利于生产、加快物流速度、方便消费和提高物流效益的原则，统筹规划、合理安排的。这对于提高物流系统的整体功能，有着重要的意义。[①]

10.2　实训目的与要求

（1）使学生了解仓库布局的基本流程。

（2）使学生了解仓库布局的基本实验组件。

（3）使学生掌握仓库布局仿真模拟实训的基本操作。

10.3　实训内容与步骤

1. 进入系统

3D 仓储布局实训系统登录界面如图 10 - 1 所示。

图 10 - 1　3D 仓储布局实训系统登录界面

---

①　窦志铭. 物流学[M]. 北京：中国人事出版社，2004.

（1）账户：输入用户名。

（2）密码：输入对应的密码。

（3）登录：输入正确的用户名和密码后，单击【登录】按钮，登录 3D 仓储布局实训系统，进入关卡选择界面。

（4）退出：单击【退出】按钮，退出 3D 仓储布局实训系统。

2. 选择关卡

关卡选择界面如图 10 - 2 所示。

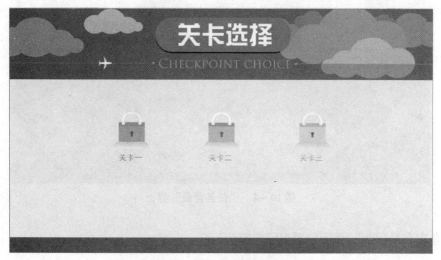

图 10 - 2　关卡选择界面

关卡选择界面对应的关卡有 3 个：关卡一、关卡二、关卡三。分别对应不同的难度等级。选择某一个关卡后，会先弹出下载进度加载界面，如图 10 - 3 所示。

图 10 - 3　下载进度加载界面

当数字从 0% 变为 100% 时就会进入相对应的关卡。

下面以关卡一为例进行说明。

3. 了解任务背景

选择关卡一后，载入的"任务背景"界面如图 10 - 4 所示。

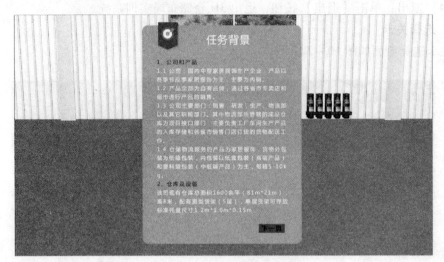

图 10 - 4　"任务背景"界面

"仓库布局示例"界面如图 10 - 5 所示。

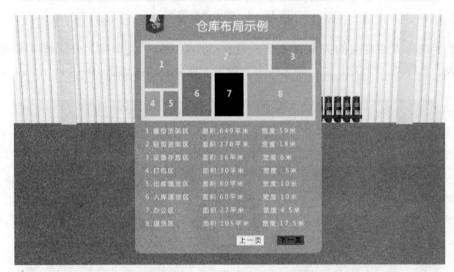

图 10 - 5　"仓库布局示例"界面

"实训要求"界面如图 10 - 6 所示。

在这几个界面中，单击【下一页】按钮后可进入下一页，单击【上一页】按钮可返回前一页。其中，在"实训要求"界面有 3 道题可供选择，选中对应的题号，出现"√"表示选中。单击【确定】按钮，即可进入 3D 仓储布局实训系统的任务操作菜单

图 10 - 6　"实训要求"界面

界面。

4. 仓库布局规划

不管是在哪个关卡，最后一个任务要求界面都有一个【确定】按钮，单击【确定】按钮即可进入 3D 仓储布局实训系统的任务操作菜单界面。

任务操作菜单界面如图 10 - 7 所示。

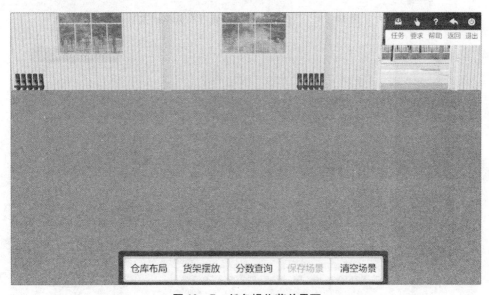

图 10 - 7　任务操作菜单界面

在这个界面上，窗口右上角菜单栏由【任务】【要求】【帮助】【返回】和【退出】5 个按钮组成；窗口底部的菜单栏由【仓库布局】【货架摆放】【分数查询】【保存场景】和【清空场景】5 个按钮组成。

　　【任务】：会弹出对应的关卡任务介绍。

　　【要求】：会弹出对应的任务要求，其右上角有【关闭】按钮，可以将其关闭。

　　【帮助】：获取对应关卡任务的帮助介绍，其右上角有【关闭】按钮，可以将其关闭。

　　【返回】：单击后跳转到关卡选择界面。

　　【退出】：退出当前系统。

　　单击窗口底部菜单栏中的【仓库布局】按钮，进入"仓库布局"界面，如图 10-8 和图 10-9 所示。

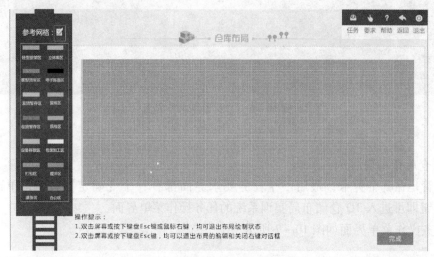

图 10-8　"仓库布局"界面（有网格模式）

图 10-9　"仓库布局"界面（无网格模式）

　　左边框圈起来的菜单，就是相对应的各个区域按钮，选择其中一个，在中间绿色的地方绘制相应的区域。

在绘制过程中，右击会弹出图 10 – 10 所示的红色圆圈圈出来的小窗口，可以选择"编辑"命令，对正在绘制的区域进行编辑，选择"删除"命令则会删掉正在绘制的区域。

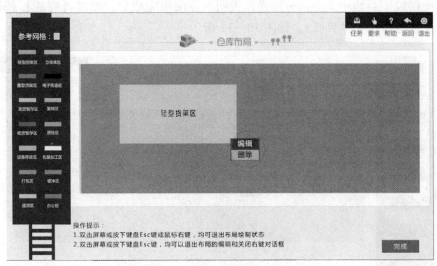

图 10 – 10　"仓库布局"区域操作示例

其他操作详见图 10 – 10 中的操作提示。在编辑完成后，单击【完成】按钮，返回主菜单（任务操作菜单界面）。

5. 货架摆放

单击【货架摆放】按钮，进入"货架摆放"编辑界面，如图 10 – 11 所示。

图 10 – 11　"货架摆放"编辑界面

左边框圈起来的菜单就是对应的各个货架按钮，单击其中一个在中间绿色相应的区域绘制对应的货架。

在绘制过程中，右击会弹出红色圆圈圈出来的小窗口，可以选择"旋转"命令对正在绘制的货架进行旋转，选择"删除"命令则会删除正在绘制的货架。其他操作详见"货架摆放"界面中下半部分的操作说明。在编辑完成后，单击【完成】按钮返回主菜单（任务操作菜单界面），如图 10 - 12 所示。

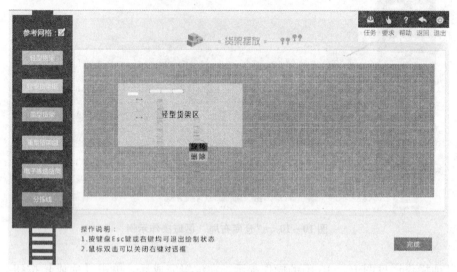

图 10 - 12　"货架摆放"操作示例

6. 分数查询

查询已完成任务的分数。"分数查询"界面如图 10 - 13 所示，单击右上角的"⊗"按钮，关闭此窗口。

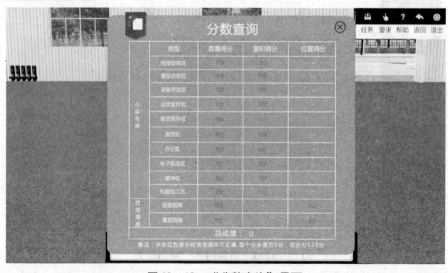

图 10 - 13　"分数查询"界面

7. 保存场景

对当前编辑好的场景进行保存，如图 10 - 14 所示。

图 10 - 14 保存场景

在保存好场景后，可以以第一人称视角进行参观，系统默认为第一人称视角进行漫游。

8. 清空场景

对当前编辑好的场景进行删除，如图 10 - 15 所示。

图 10 - 15 仓库清空后的三维场景

另外，通过键盘方向键控制角色行走（也可以通过 W、S、A、D 键来控制），按住鼠标左键拖动可以环视整个场景，利用鼠标中间的滚轮可以放大或缩小视野。

说明：其他两个关卡任务案例与本关卡不一样，但操作方法相同，故不再赘述。

10.4　思考题

1. 简述仓库布局的影响因素。
2. 简述仓库的种类。
3. 简述仓库布局模拟仿真实训包括的基本环节。

本章小结

　　本章介绍了仓库的相关背景知识，设计了关于仓库布局的模拟仿真实验。通过本章的学习，学生能加深对仓库布局设计的认识与了解。

11 仓储安全仿真模拟实训

11.1 背景介绍

11.1.1 仓储安全作业管理的概念①

仓储安全作业管理是指在商品进出仓库装卸、搬运、储存、保管等过程中，为了防止和消除伤亡事故，保障职工安全和减轻繁重的体力劳动而采取的措施。

它直接关系到货物的安全、作业人员的人身安全、作业设备和仓库设施的安全。这些安全事项都是仓库的责任范围，所造成的损失全部由仓库承担，因而说仓储安全作业管理是经济效益管理的组成部分。

仓储安全作业管理要从作业设备、场所和作业人员两方面进行管理：一是消除安全隐患，降低不安全的系统风险；二是提高作业人员的安全责任心和安全防范意识。

11.1.2 仓储安全作业管理的内容

1. 安全作业管理制度化

仓储安全作业管理应成为仓库日常管理的重要项目，仓库应制定科学合理的各种作业安全制度、操作规程和安全责任制度，并通过严格的监督确保管理制度得以有效和充分运行。

2. 加强劳动安全保护

劳动安全保护包括直接和间接施行于员工人身的保护措施：仓库要遵守《中华人民共和国劳动法》的劳动时间和休息规定，每日8小时、每周不超过40小时的工时制，依法安排加班，保证员工有足够的休息时间，包括合理的工间休息；提供合适和足够的劳动防护用品，如高强度工作鞋、安全帽、手套、工作服等，并督促作业人员使用和穿戴；采用具有较高安全系数的作业设备、作业机械，作业工具满足作业要求，作业场地必须具有合适的通风、照明、防滑、保暖等作业条件；不进行冒险的仓储作业和不安全的环境作业，在大风、雨雪影响作业时暂缓作业；避免员工带伤、病作业。

3. 重视作业人员资质管理和业务培训、安全教育

对于刚刚从事仓库工作和转岗的员工，应进行仓储安全教育，对所从事的作业进

---

① 张三省. 仓储与运输物流学[M]. 广州：中山大学出版社，2007.

行安全作业和操作培训，确保熟练掌握岗位的安全作业技能和规范。从事特种作业的员工必须经过专门培训并取得特种作业资格，方可进行作业，且仅能从事其资格证书限定的作业项目操作，不能混岗作业。安全作业宣传和教育是仓库的长期性工作，作业安全检查是仓库安全作业管理的日常工作。通过正面宣传引导、严格监督检查，对违章和无视安全的行为给予严厉的惩罚，强化作业人员的安全责任心。

4. 仓储安全监控电子化

计算机技术和电子技术的发展促进了仓储安全管理的科学化和现代化，仓储安全管理必将突破传统的经验管理模式，增加安全管理的科技含量。依靠科技手段，推广应用仓储安全监控技术，有利于提高仓储安全水平。

11.1.3 物流公司仓储操作规范及管理制度[①]

物流仓储管理直接关系到企业正常运转的连续性、科学性和合理性，严格做好各类物资的仓储工作，可以增强各类物资匹配的合理性，提高资金的使用率。要结合本公司的运行机制，制定仓储物流管理办法。

1. 仓储管理队伍

仓储管理机构是存货控制管理和负责原材料物资收、发、存业务的职能组织，其主要任务是在生产副总的领导下配合生产部、工程部、销售部、采购部等部门及时供应各部门所需的各类物资，以保证销售和生产的正常进行。同时，负责存货的管理和安全，以加速存货的周转，节约资金，降低存储费用，避免存货损失，保障存货的安全和完整。为了完成上述任务，仓库必须结合公司实际情况，配备必要的人员和设备装置。

（1）供应处根据仓库规模设立仓库主管、仓库组长、仓库保管员，并可根据实际情况合并职能，但必须明确岗位职责。

（2）应当慎重挑选工作认真、细致、责任心强、熟悉业务及保管知识，作风严谨、思想品德良好的人员担任仓储保管工作。

（3）仓储人员必须职能明确，明确规定的职责权限、工作范围和任务，做到既有分工又有配合、协调，人人忠于职守、守职尽责、勤奋工作，完成各自任务，并实行岗位责任制。

（4）严格规定纪律，建立仓库管理规章制度和工作规范，实行规范化管理。

（5）建立仓储人员考勤考核、奖惩、升迁和轮岗轮训制度。实行监督检查，制约不规则行为，激励其积极、认真、负责地完成各项任务。

（6）实行交接班制度和人员调动交接制度，做好交接工作，明确交接人员的责任。

2. 仓储管理制度

（1）仓存管理原则

①库存合理原则。仓库应根据公司的生产销售计划和资金情况，以及各类物资的生产周期情况合理使用资金，防止盲目购进、超储超压、脱销脱供等情况的发生，对库存实行控制管理，适时调查库存结构和数量。

---

① http://www.56products.com/News/2015-6-3/KH3I5BECBDFFC423651.html.

②凭证收、发货原则。仓库管理员应根据管理制度规定专人专责，按凭证办理收发业务，做到无合理性凭证不收、发物资。仓管人员对物品进、出仓，应当即办理手续，不得事后补办；应保证账物相符，经常核对，并随时接受单位主管或财务部稽核人员的抽点。

③货物进出原则。坚持无进无出、先进先出原则，批次清晰，确保各类物资不积压、不损坏。

④四清原则。即账、物、卡、数量相符且清楚，规格批次清，质量性能清，主要用途清。

（2）仓库管理的有关规定

①各类物资的入库管理。

• 仓库管理人员应根据当月当日物资采购计划、生产计划、送货通知单对交库的各类物资进行验收，凡与计划品种、数量不相符的，在向有关人员问明情况后方可验收。

• 仓库管理人员应按规定根据质量安全检验人员开具的验货检验单予以验收，否则严禁入库。当实交数超出合格证上的数量时，应要求供方补开多出部分的合格证，这样才能予以验收入库。

• 各类物资入库时，仓库管理人员必须检查包装是否完好，标记是否清楚，入库品种、数量、型号是否与送货单相符。发现问题及时通知相关采购人员查实核对，并同供方当面交接清楚。各种原始凭证不得涂改，入库前必须对入库物资逐项清点、核对，属工程用料的应在入库单等单据上标明工程名称，并及时登账建卡。

②库存物资保管规定。

• 入库后各类物资要摆放整齐、分类合理，做到有物必有类、有类必有区；严禁把尺寸大小相似或性能上相互影响的物资放到一起。要按各品种不同的要求进行保管、存放，露天存放的物资要根据不同性质和要求进行覆盖和衬垫，使其不受雨水浸泡和阳光曝晒，做到在保质期内不锈蚀、不变质、不失效、不损坏。

• 仓库保管员应经常对自己所分管的物资进行数量上的核准，做到每月小盘点，每季大盘点，保持账、物、卡三相符，同时做到规格批次清、质量性能清、主要用途清。

③各类物资出库管理规定。

• 各类物资出库时必须凭主管单位签发的领料单、发货清单从仓库中领取，仓库保管人员要与领用单位人员一起当面点清数量，并按规定办理有关手续，严禁超数量发货。

• 出库物资必须有合格证，否则不准出库。一次领不完一批的，可根据用户需要随时另开合格证，原合格证不出库。

• 涉及容器周转的仓库，要坚持以一换一的容器交换制度，特殊情况也必须打欠条，并按时归还。

④登账管理规定。

对出入库的各类物资做到及时逐笔登账、销账，日清月结，字迹清楚不涂改，如写错可用红线更正法进行纠正。

⑤退库管理规定。

凡从仓库中领出的物资原则上不得退货，若需要退库，需经主管领导批准，查明原因后方可退库，退库前要有质检人员的验证证明，仓库做好数量的清点工作，并按 ISO 9000 标准要求进行分类登账，定置存放。

⑥仓库积压、变质、报废物品的处理规定。

为使仓库始终处于良好的储存备用状态，原则上每年的 12 月份要将公司各类仓库清理一遍，由仓库提出对库存超过保质期物资的处理建议，并组织质量安全检验员、技术处、生产部、财务处对其进行一次鉴定、确认，对经鉴定仍有使用价值的继续使用或保存，确实过期无用的则办理有关报废手续，清理出库。

3. 仓储操作规范

（1）存货的入库和出库手续必须完整、严密，工作人员须严格按照规定的程序和方法进行操作。

（2）存货收、发、存的品种和数量必须正确，并有专人负责，不得发生错收、错发事故。

（3）存货的保管由专人负责，做到安全、完整，卡与实物相符，堆放整齐，品质完好。

（4）公司各仓库内禁带火种，严禁烟火，各库门窗要按防盗要求关锁，并做好防水、防潮工作。班前、班后搞好检查，及时关好电闸、水、气阀门。要做到防火、防盗、防水、防潮、防破坏。

（5）有特殊要求的各类物资必须按特殊要求保管、存放。

（6）各仓库必须每天清扫，做到库容整洁、地面无杂物，各类物资定置存放。

（7）仓库管理人员必须做到不说脏话、粗话，服务态度要端正，服务意识要明确，不乱写乱画，不乱扔乱倒，不损坏公物。

4. 仓储人员的工作纪律

（1）不准接受企业非仓储部门人员和客户的请吃送礼和贿赂；不准向客户或非仓储人员索取钱物；不准怠忽职守、擅离岗位或违反规章制度随意操作，造成责任事故的，按规定及有关法律追究责任；不准仓储人员带领非相关人员进入仓库。

（2）严禁仓储人员无证发货、无单出库；严禁将含毒、易燃、易爆、易腐蚀物资与一般的物资存放在一起，必须另按指定地点妥善存放与保管；严禁仓储人员酒后上班和在仓库内饮酒、吸烟；严禁仓储人员违反劳动纪律嬉笑打骂，随意损坏或挪用存储的物资；严禁隐匿不报或谎报仓储工作中发现或发生的问题；严禁仓储人员内部纷争，闹不团结或纪律松懈。

5. 仓库管理人员的岗位责任制

（1）仓库主管人员岗位

仓库主管在生产副总领导下，负责仓库内存货的收、发、存管理，并对供应处负责，报告工作。其岗位责任如下：

①负责组织和管理仓库原材料的收发、存储和安全工作，保证供应生产、工程和销售所需的各种原材料收发有序、完好无损。

②正确组织、安排、规定各类物资的仓位（存放场地），其中包括有毒、易燃、易

腐蚀物资的存放场地。

③规定各类仓储人员的职责权限、工作范围和任务，使人员分工明确、职责分明、互相配合。

④负责制定与实施存货储存管理的规章制度，规定存货收、发、存的操作方法与规范，严格执行仓储人员的纪律，实行人员轮调，实施纪律控制。

⑤负责完善仓库的通风、防火、防洪、防腐、防盗窃，监控的安全措施和存货准备的配合工作，并指定专人管理。

⑥负责与销售、生产、采购、会计部门的联系，随时报告存货的收、发、存情况，其中包括超储积压、脱供、存期过长和质量变化的情况，以便及时处理。

⑦组织专人负责保管存货，随时清点、核对和检查存货数量与质量状况，确保存货的安全和完整。

⑧负责检查存货的安全保卫工作，监督检查仓库人员职守情况，防止仓储人员怠忽职守、违反纪律和规章造成责任事故的发生，如发现仓储人员违反纪律和制度，要及时进行处理。

（2）仓库保管人员的岗位责任

①在仓库主管的领导下，根据分配的任务，对各自负责的仓库物资进行管理，并对仓库主管负责报告工作。

②对分管的存货做到堆装整齐，便于清点、发货，并随时清点存量，检查质量状况，出现超储、积压、脱供、变质、残损、保质期将到等情况时，应及时报告仓库主管人员处理。

③严格按仓储管理制度的有关规章进行物资的收、存、发货工作，配合财务人员查登账务。

④随时检查存货的堆装和安全设施，防止事故的发生，保证存货的安全和完整。

⑤遵守储存规章制度和纪律，不擅离岗位，做到尽职尽守。

⑥负责看守仓库，保证仓库安全，防止发生存货被盗、被窃和破坏仓库安全设施以及纵火犯罪行为。

⑦未经主管领导同意，严格禁止非仓库人员和外来人员入库。

（3）仓库保管人员设置

凡具有两人以上仓库保管人员的仓库应设组长，负责仓库主管所授权的日常管理工作，对其他保管人员的岗位责任进行监督，并负责向仓库主管汇报工作。

（4）对仓库保管人员的要求、考核和奖罚

①仓库必须建立健全仓库管理人员岗位责任制，建立健全各仓库具体管理细则，针对不同性质的仓库进行管理。

②对于仓库管理的有关规定中有项目没做到的，应对相应仓库管理人员进行经济处罚，连续三次做不到的，建议调离仓储岗位。

6. 仓储管理报告制度

（1）根据仓库情况及物资种类做出各类存货的收、发、存月报。每月仓库应盘点一次，检查货的实存、货卡结存数、物资明细账余额三者是否一致；每年年终仓储人员应会同财务部、采购部门共同办理总盘存，并填具"盘存报告表"。

（2）存货损耗和短缺损失报告。仓库物资如有损失、贬值、报废、盘盈、盘亏等，应及时上报主管，分析原因，查明责任，按规定办理报批手续。未经批准一律不得擅自处理；仓管员不得采取"盈时多送，亏时克扣"的违约做法。

（3）仓储人员重大责任事故报告。

（4）存货安全状况报告。信息化后，"物资盘点表"通过计算机进行制表，仓管员应不断提高自身业务素质，提高工作效率。

（5）工程发货及退货物资情况报告。保管物资未经总经理同意，一律不得擅自借出；总成物资一律不准拆件零发，特殊情况应经总经理批准。

11.2　实训目的与要求

（1）使学生了解仓储安全的组成部分。

（2）使学生了解仓储安全工作的基本流程。

（3）使学生掌握仓储安全仿真模拟实训的基本操作。

11.3　实训内容与步骤

11.3.1　人员安全

任务 1：理论知识的学习

进入 3D 仓储安全实训系统训练模式后，首先会出现仓储安全的系统性介绍，如图 11 – 1 所示。

图 11 – 1　仓储安全介绍界面

进入系统后，不能直接进行实操操作，必须先进行理论知识的学习，当经验值达标后，【领取任务】按钮才变为可单击状态。在系统中进行场景的漫游，寻找地面上的经验书进行理论知识的学习。

1. **经验书**

操作角色进行场景的漫游，寻找地面上的经验书，经验书如图 11 - 2 所示。

图 11 - 2　经验书寻找场景

操作角色碰撞地面上的经验书，即可展示理论知识点，如图 11 - 3 所示。

电源管理

(1)库房安装生产用电器设备，必须按公安消防部门的有关规定报批、安装、验收、使用。

上一页　　下一页

图 11 - 3　理论知识点展示界面

知识点学习完成后，会出现相关的选择题进行考评，如图 11 - 4 所示。

图 11 - 4 知识点考核界面

2. 公告栏

通过单击场景中公告栏上的图片，进行知识点的学习，如图 11 - 5 所示。

图 11 - 5 公告栏展示界面

单击公告栏上的图片后，会出现相关知识点，知识点展示方式如图11-6所示。

图11-6　知识点展示界面

3. 标识牌

通过在危险品仓库中漫游，单击危险品库内区域标识牌，进行危险品相关知识点的学习，如图11-7所示。

图11-7　标识牌展示界面

单击易燃易爆品存放区的标识牌后，出现相关案例介绍与分析，如图11-8所示。

图 11-8　案例介绍及分析界面

4. 知识充电站

当经验值很低时，可以通过场景中的知识充电站进行知识点的学习，如图 11-9 所示。

图 11-9　知识充电站展示场景

知识充电站位于普货仓库前方，操作角色碰撞知识充电站即可出现相关知识点，如图 11-10 所示。

图 11-10 知识充电站展示界面

说明：设备安全、环境安全和货物安全章节，同本章一样，都需要利用上述 4 种方法进行理论知识的学习。

任务 2：叉车司机安全

按照领取任务的方式领取此任务后，出现任务描述，如图 11-11 所示。

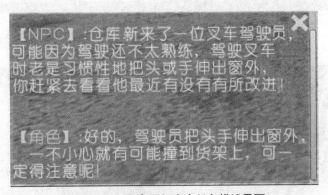

图 11-11 叉车司机安全任务描述界面

操作角色来到任务目的地，发现一般品仓库内叉车司机在驾驶叉车时将头伸到了窗外，如图 11-12 所示。

靠近叉车，出现系统提示，如图 11-13 所示。

单击【是】按钮，人物回到安全驾驶姿势，如图 11-14 所示。

图 11 – 12 叉车违规操作场景

图 11 – 13 叉车违规操作提示界面

图 11 – 14 叉车规范操作场景

单击【是】按钮提示关闭，该知识点学习完成，继续领取下一个操作任务。

任务3：非工作人员进入仓库

按照领取任务的方式领取此任务后，出现任务描述，如图11-15所示。

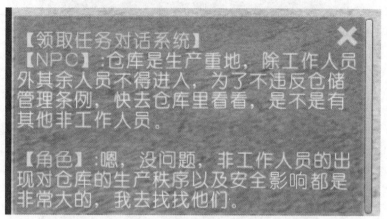

图11-15　禁止非工作人员进入仓库任务描述界面

操作角色来到任务目的地，发现危险品仓库中有非工作人员，如图11-16所示。

图11-16　危险品仓库违规操作场景

视角自动转换，系统生成对话。对话完成后，自动播放动画，闲杂人员离开仓库，该知识点学习完成，可以继续领取下一个操作任务。

任务4：不随便使用电器

按照领取任务的方式领取此任务后，出现任务描述，如图11-17所示。

操作角色来到任务目的地，发现一般品仓库内有一个工作人员在使用家用电器，如图11-18所示。

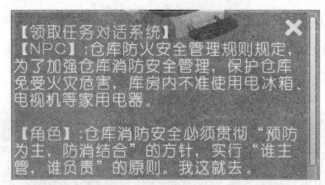

图 11－17　禁止使用家用电器任务描述界面

图 11－18　违规使用家用电器场景

　　单击左下角的提示信息，再单击"家用电器"，此时出现案例提示，如图 11－19 所示。

图 11－19　案例提示场景

　　单击【关闭】按钮，提示关闭，该知识点学习完成，可以继续领取下一个操作任务。

任务5：叉车和高位拣选车作业

按照领取任务的方式领取此任务后，操作角色到任务目标位置，与任务物体发生碰撞，出现对话框，如图11-20所示。

图11-20 任务对话框显示界面

此实训操作主要是告诉用户叉车装载货物时不能超高，用户单击【处理】按钮，同时将鼠标移动到超高货物的位置，超高货物会高亮显示，如图11-21所示。

图11-21 超高货物高亮显示界面

用户使用鼠标单击超高物体，则物体消失，重复此操作，直到高度在安全范围之内。完成后出现提示，如图 11 - 22 所示。

图 11 - 22　超高处理完成后的提示界面

单击【确定】按钮，进行此任务环节中下一个安全知识点的学习，操作角色靠近叉车旁边穿工作制服的人员，此时出现提示，即叉车工作期间，其余工作人员需与叉车保持安全距离，如图 11 - 23 所示。

图 11 - 23　人员违规场景

单击【确定】按钮，系统提示可使用键盘和鼠标来控制穿工作制服的人员，如图 11 - 24 所示。

图 11 - 24 人员移动触发界面

单击【允许】按钮，此时场景中叉车周围出现一个圆形的危险距离区域，利用 W、S、A、D 键控制工作人员离开此危险区域即可，如图 11 - 25 所示。

图 11 - 25 人员移动场景

当工作人员到达安全位置后，系统会出现工作人员已安全的提示，如图 11 – 26 所示。

图 11 – 26　工作人员到达安全区域

单击【确定】按钮，完成该知识点的学习，此时操作角色靠近堆高车旁边的人员，如图 11 – 27 所示。

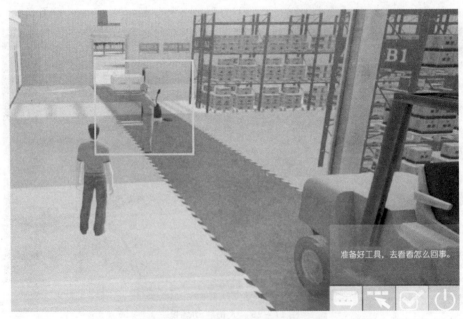

图 11 – 27　靠近堆高车旁边的人员

靠近穿工装的人员后，系统出现堆高车作业时周边不能站人的提示，如图 11 – 28 所示。

图 11 – 28　提示框出现界面

单击【确定】按钮，此时堆高车周围出现表示危险区域的红色圆圈，操作工装人员离开红色区域即可，如图 11 – 29 所示。

图 11 – 29　工装人员处于危险区域场景

完成操作后，堆高车作业环境安全知识学习完成，此时会出现找茬游戏，如图 11 – 30 所示。

图 11 – 30 找茬游戏界面

此时用户需要仔细检查两张图片，找出两幅图中不同的部分，图 11 – 30 左图圈起来的 4 个部分分别位于不同的位置，用户使用鼠标单击即可完成此任务。

任务 6：危险品仓库作业

按照领取任务的方式领取此任务后，出现任务描述，如图 11 – 31 所示。

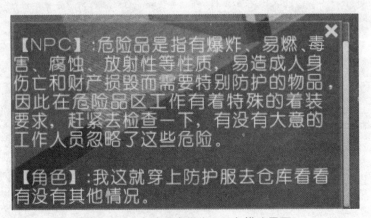

图 11 – 31 危险品仓库作业任务描述界面

操作角色来到危险品仓库门口，单击仓库门的管理员，出现左下角的提示信息，如图 11 – 32 所示。

图 11 - 32　危险品仓库作业信息提示界面

此时用户按照系统提示，按键盘上的 B 键，出现系统背包界面，如图 11 - 33 所示。

图 11 - 33　系统背包界面

系统背包界面中，左侧为角色装备，右侧为背包装备，用户需要将右侧红色的工作服、手套、安全帽使用鼠标拖动至左侧对应的位置，给角色完成换装，如图 11 - 34 所示。

图 11 - 34　角色换装界面

　　如果用户没能为角色换装成防护服状态，或者只是部分换装，这时，当角色进入危险品仓库时，系统会发出声光报警信号，如图 11 - 35 所示。

图 11 - 35　声光报警界面

　　这时用户需要再次打开系统背包界面，对角色的装备进行调整，直至调整正确，警报消失。这时仓库中间会出现绿色箭头指向任务目的地，控制角色靠近绿色箭头，出现完成任务的提示，如图 11 - 36 所示。

图 11 - 36　任务完成提示界面

单击任务完成的提示，系统自动弹出危险化学品仓库作业的注意事项，如图 11 - 37 所示。

图 11 -37　危化品仓库作业注意事项介绍界面

完成该任务知识点的学习，单击提示面板，此任务学习完成。

任务 7：启动叉车

按照领取任务的方式领取此任务后，出现任务描述，如图 11 - 38 所示。

操作角色来到任务目的地，发现普通货物仓库中有工作人员站在需要启动的叉车旁，如图 11 - 39 所示。

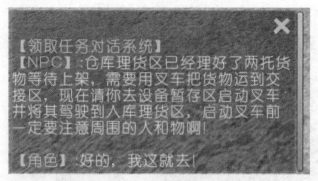

图 11 - 38　启动叉车任务描述界面

图 11 - 39　叉车旁有工作人员场景

此时控制角色靠近工作人员，出现提示信息，如图 11 - 40 所示。

图 11 - 40　提示信息界面

单击【是】按钮，工作人员自动离开，同时系统提示叉车无法启动的相关知识点，如图 11 – 41 所示。

图 11 – 41 叉车无法启动相关知识点介绍界面

在系统弹出的提示信息中选择 B 选项，系统自动切换到叉车视角，按照图 11 – 42 左下角所示的操作方法，操作叉车到达目的地。

图 11 – 42 叉车抵达目的地场景

操作叉车到达目的地后，该任务知识点学习完成，继续领取下一个操作任务。

11.3.2 设备安全

任务 1：叉车操作

按照领取任务的方式领取此任务后，出现任务描述，如图 11 – 43 所示。

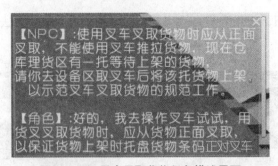

图 11 – 43   叉车叉取货物任务描述界面

操作角色来到任务目的地，此时发现场景中有一辆准备叉取货物的叉车，操作角色靠近叉车，出现如何正确叉取货物的系统提示，如图 11 – 44 所示。

图 11 – 44   叉车叉取货物知识提示界面

用户阅读完系统提示，单击【关闭】按钮，此时系统自动将第三人称视角转换为叉车视角，用户角色转换为叉车司机，如图 11 – 45 所示。

图 11 – 45   用户驾驶叉车场景

　　此时，按照左下角的操作提示，对叉车进行操作，在场景中会出现一个类似停车位的标志，示意用户此时需要将叉车操作至此处。注意：叉车行进时要对准货物的条码，如图 11 – 46 所示。

图 11 – 46　叉车行进场景

　　正确地将叉车驾驶到货物正前方后，此任务操作完成，此时系统自动转换角色，如图 11 – 47 所示。

图 11 – 47　任务完成界面

单击【确定】按钮，完成此项任务。

任务 2：地牛操作

按照领取任务的方式领取此任务后，出现任务描述，如图 11 - 48 所示。

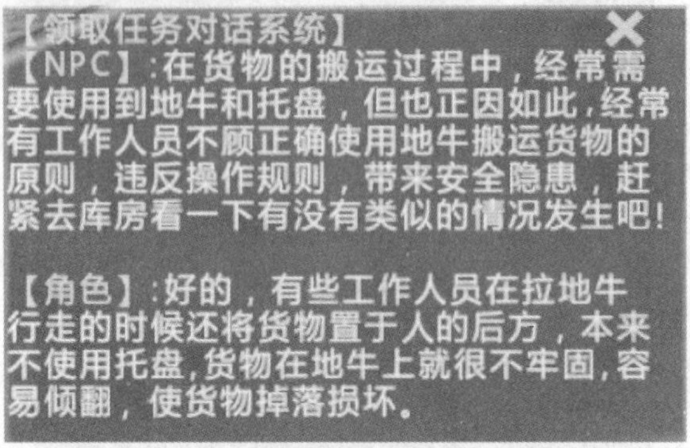

【领取任务对话系统】

【NPC】：在货物的搬运过程中，经常需要使用到地牛和托盘，但也正因如此，经常有工作人员不顾正确使用地牛搬运货物的原则，违反操作规则，带来安全隐患，赶紧去库房看一下有没有类似的情况发生吧！

【角色】：好的，有些工作人员在拉地牛行走的时候还将货物置于人的后方，本来不使用托盘，货物在地牛上就很不牢固，容易倾翻，使货物掉落损坏。

图 11 - 48　地牛操作任务描述界面

操作角色来到任务目的地，发现场景中有一个工作人员正在操作地牛，如图 11 - 49 所示。

图 11 - 49　工作人员操作地牛场景

操作角色靠近地牛，系统弹出关于地牛操作的注意事项，如图 11 - 50 所示。

图 11 -50   地牛操作注意事项介绍界面

　　阅读完如何正确操作地牛后，关闭提示信息，系统自动将托盘放入车中，系统询问是否操作地牛将货物运送到规定区域，如图 11 -51 所示。

图 11 -51   地牛操作选择界面

　　单击【是】按钮后，系统自动切换角色，此时用户角色变为地牛的操作者，如图 11 -52 所示。

图 11 -52   第一人称视角操作场景

　　用户此时需要按照界面左下方的提示信息，操作地牛到达指定的目的地，目的地为停车位标志的位置，如图 11 - 53 所示。

图 11 - 53　地牛行进场景

　　到达目标位置后，系统自动切换回第三人称控制视角，如图 11 - 54 所示。

图 11 - 54　第三人称视角场景

　　系统提示任务已经完成，单击【退出】按钮，领取下一个任务。

任务3：叉车驾驶规范

按照领取任务的方式领取此任务后，出现的任务描述界面如图11-55所示。

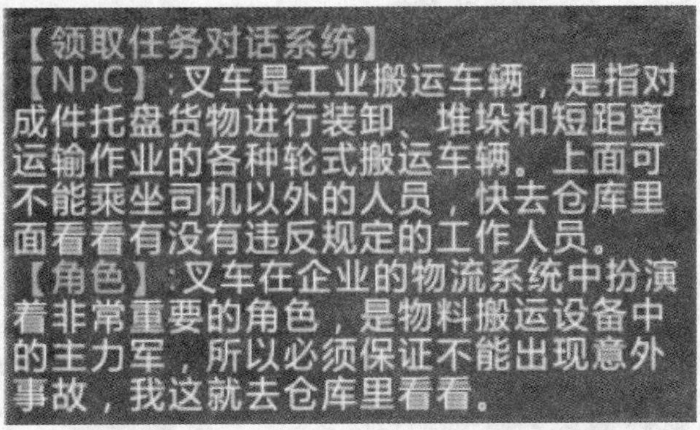

【领取任务对话系统】
【NPC】：叉车是工业搬运车辆，是指对成件托盘货物进行装卸、堆垛和短距离运输作业的各种轮式搬运车辆。上面可不能乘坐司机以外的人员，快去仓库里面看看有没有违反规定的工作人员。
【角色】：叉车在企业的物流系统中扮演着非常重要的角色，是物料搬运设备中的主力军，所以必须保证不能出现意外事故，我这就去仓库里看看。

图11-55　叉车驾驶规范任务描述界面

操作角色来到任务目的地，发现危险品库内有一辆叉车上坐了两个人，如图11-56所示。

图11-56　操作人员违规作业场景

单击系统的提示信息，将鼠标放在坐在叉车上的人员身上，人物的轮廓变为高亮，如图11-57所示。

图 11 - 57　人员高亮场景

单击高亮显示人物，人物自动消失，同时系统出现案例展示，如图 11 - 58 所示。

图 11 - 58　叉车驾驶规范任务案例展示界面

单击【关闭】按钮，提示关闭，该任务知识点学习完成，可以继续领取下一个操作任务。

任务 4：叉车高度控制

按照领取任务的方式领取此任务后，出现任务描述，如图 11 - 59 所示。

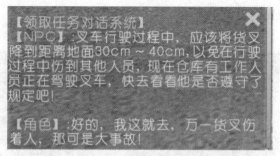

图 11 – 59　叉车高度控制任务描述界面

　　操作角色来到任务目的地，发现一般品仓库内有一辆叉车货叉超过了安全高度，如图 11 – 60 所示。

图 11 – 60　叉车违规操作场景

　　单击货叉，货叉高亮显示，如图 11 – 61 所示。

图 11 – 61　货叉高亮显示场景

同时，系统出现案例展示，如图 11 - 62 所示。

图 11 - 62　叉车高度控制任务案例展示界面

单击【关闭】按钮，提示关闭，该任务知识点学习完成，可以继续领取下一个操作任务。

任务 5：设备停放

按照领取任务的方式领取此任务后，出现任务描述，如图 11 - 63 所示。

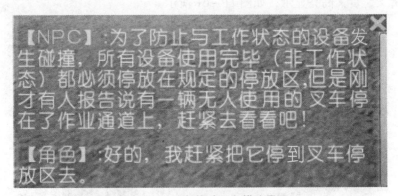

图 11 - 63　设备停放任务描述界面

操作角色来到任务目的地，发现危险品仓库内有一辆未使用的叉车停在了作业区，如图 11 - 64 所示。

图 11 - 64　叉车违规停放场景

单击系统的提示信息，将鼠标放在叉车的方向盘上，方向盘高亮，如图 11 - 65 所示。

图 11 - 65　叉车方向盘高亮显示场景

此时单击方向盘，系统自动切换到叉车视角，操作角色驾驶叉车并将叉车停放到设备存放区，如图 11 - 66 所示。

图 11-66　叉车行进场景

叉车到达设备存放区后，系统出现提示信息，如图 11-67 所示。

图 11-67　叉车到达设备存放区后的系统提示

单击【关闭】按钮，提示关闭，该任务知识点学习完成，可以继续领取下一个操作任务。

任务 6：设备维修

按照领取任务的方式领取此任务后，出现任务描述，如图 11-68 所示。

图 11-68　设备维修任务描述界面

　　操作角色来到任务目的地，发现危险品仓库内有两辆叉车正使用绳子拖动前进，如图 11-69 所示。

图 11-69　叉车违规操作场景

　　单击系统的提示信息，用鼠标单击绳子，出现错误操作提示信息，如图 11-70 所示。

图 11-70　叉车操作知识点介绍界面

单击【关闭】按钮，提示关闭，该任务知识点学习完成，可以继续领取下一个操作任务。

任务7：托盘存放

按照领取任务的方式领取此任务后，出现任务描述，如图11-71所示。

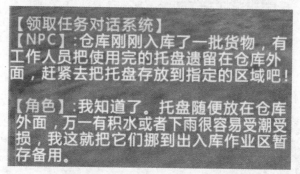

图11-71 托盘存放任务描述界面

操作角色来到任务目的地，发现危险品仓库外托盘随意放置，界面中出现如何操作信息，如图11-72所示。

图11-72 托盘违规摆放场景

单击【是】按钮，进入托盘清理场景，出现如图11-73所示的操作帮助提示。

图11-73 "操作帮助提示"界面

单击地上的托盘，对托盘进行清理，直至清理完成，如图 11 – 74 所示。

图 11 – 74　托盘清理完成场景

单击【是】按钮，提示关闭，该任务知识点学习完成，可以继续领取下一个操作任务。

任务 8：禁止用手推动托盘货物

按照领取任务的方式领取此任务后，出现任务描述，如图 11 – 75 所示。

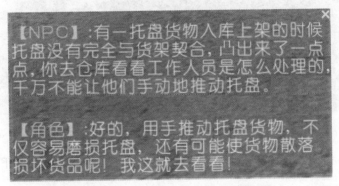

图 11 – 75　禁止手推托盘任务描述界面

操作角色来到任务目的地，发现一般品仓库内有一个工作人员正用手推动托盘货物，如图 11 – 76 所示。

图 11 –76　操作人员违规操作界面

单击提示框中的【是】按钮，工作人员不再用手推动托盘货物，出现提示信息，如图 11 –77 所示。

图 11 –77　操作选择界面

单击【是】按钮，提示关闭，该任务知识点学习完成，可以继续领取一下个操作任务。

11.3.3　环境安全

任务 1：灭火器的使用

单击领取任务后，地图上会出现红色箭头，如图 11 –78 所示，该红色箭头代表灭火器任务所在位置，控制角色漫游到任务点即可，此功能后面不再赘述。

图 11 - 78　灭火器位置显示界面

操作角色到达任务点，出现知识点图文介绍，如图 11 - 79 所示。

图 11 - 79　防火知识点介绍界面

学习完成后单击【关闭】按钮，系统转换为第一人称视角，同时场景中出现火灾场面，如图 11 - 80 所示。

通过界面左下角的提示，操作角色靠近墙壁上悬挂着的灭火器，按 E 键，拾取灭火器，然后控制角色靠近着火点，利用鼠标左键进行灭火操作，如图 11 - 81 所示。

图 11 - 80 火灾场景

图 11 - 81 灭火场景

操作过程中，灭火器容量会逐渐减少，当减少到零时，则需要重新拾取另外一个灭火器。同时，在灭火过程中，不能使操作场景中的人物接触着火点，否则会造成工作人员烧伤，系统会扣分。当所有着火点都完全被扑灭时，任务完成，单击【领取任务】按钮，领取下一个任务。

操作过程中可以选择【已接任务】选项，打开"任务管理"界面，对已接任务和可接任务进行了解，如图 11 - 82 所示。

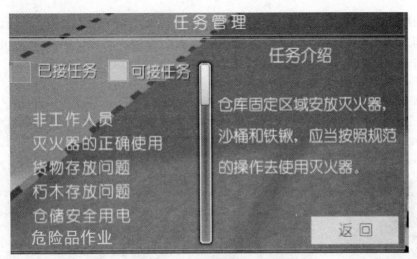

图 11 –82　"任务管理"界面

完成一个任务后，系统会自动解锁下一个任务，按照领取任务的方式领取下一个任务即可。

任务 2：仓库安全用电

按照领取任务的方式领取此任务后，操作角色来到任务点，与任务物体发生碰撞，出现对话框，如图 11 –83 所示。

图 11 –83　任务对话框显示界面

系统给出了两种灭火选择，此时如果单击左边的"消防栓"按钮，则选择错误，因为电器着火时不能立即使用消防栓进行灭火，否则火势会发生蔓延，并给出图 11－84 所示的提示信息。

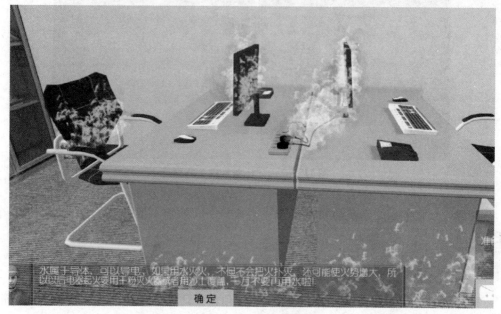

图 11－84　火灾场景

单击【确定】按钮，返回灭火方式选择界面，此时选择右侧的灭火器进行灭火，则选择正确，这时界面出现灭火时要先拔下插头的提示信息，如图 11－85 所示。

图 11－85　灭火时要先拔下插头的提示信息界面

单击【确定】按钮，则出现角色用手拔掉插头的动画，如图 11－86 所示。

拔掉插头后，出现使用灭火器灭火的提示信息，如图 11－87 所示，单击【确定】按钮，再使用干粉灭火器进行灭火，火势才能得到控制。

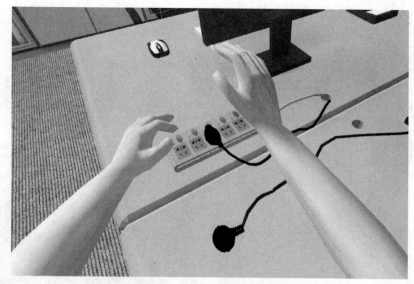

图 11－86 角色用手拔掉插头的动画

然后使用灭火器，对着火势喷干粉灭火,本次操作完成!
确定

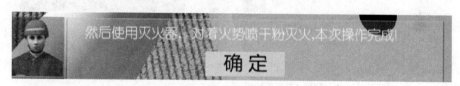

图 11－87 操作提示界面

火势被成功扑灭，此次任务完成。

任务 3：危险品标识

按照领取任务的方式领取此任务后，出现任务描述，如图 11－88 所示。

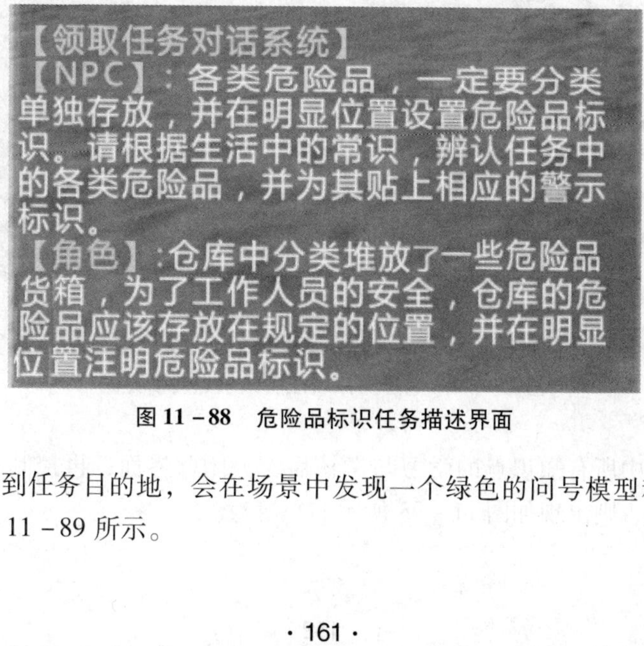

【领取任务对话系统】
【NPC】：各类危险品，一定要分类单独存放，并在明显位置设置危险品标识。请根据生活中的常识，辨认任务中的各类危险品，并为其贴上相应的警示标识。
【角色】：仓库中分类堆放了一些危险品货箱，为了工作人员的安全，仓库的危险品应该存放在规定的位置，并在明显位置注明危险品标识。

图 11－88 危险品标识任务描述界面

操作角色来到任务目的地，会在场景中发现一个绿色的问号模型和一个感叹号模型在跳动，如图 11－89 所示。

图 11 - 89　危险品标识任务目的地场景

此时先操作角色靠近感叹号模型，会出现一系列知识点及相对应的考核题目，分别如图 11 - 90、图 11 - 91 及图 11 - 92 所示。

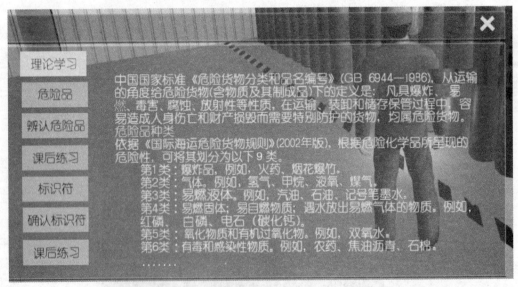

图 11 - 90　危险品标识任务知识点展示界面

完成此界面中所有知识点的学习与考核后，关闭此界面，再控制角色靠近场景中跳动的问号模型，则出现如图 11 - 93 所示的小游戏。

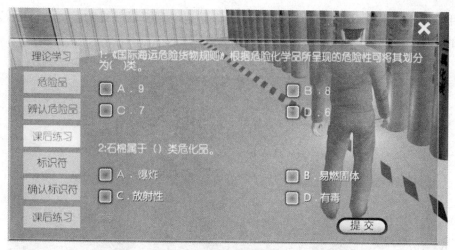

图 11 - 91 考核题目界面 1

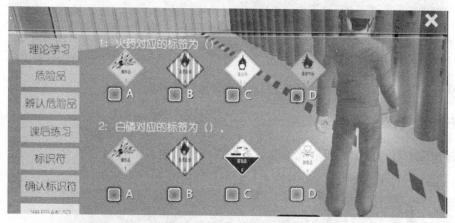

图 11 - 92 考核题目界面 2

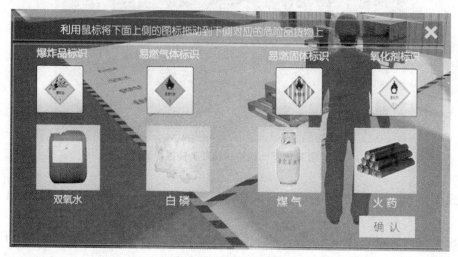

图 11 - 93 游戏操作界面 1

用户在明确上面一排的标识后，可直接将其拖动到下面一排的实物上，标识需与物体的属性——对应。完成后的界面如图 11 – 94 所示。

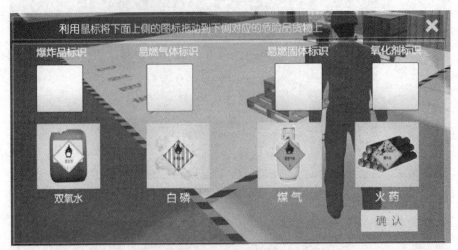

图 11 – 94　游戏操作界面 2

操作完成后，单击【确认】按钮，危险品标识任务操作完成。

任务 4：找错纠错

按照领取任务的方式领取此任务后，出现任务描述，如图 11 – 95 所示。

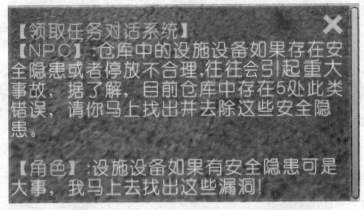

图 11 – 95　找错纠错任务描述界面

操作角色来到任务目的地，发现场景中存在 5 处安全隐患点，如图 11 – 96 所示。

操作角色靠近场景中的任务 3 周转箱模型，出现任务提示界面，如图 11 – 97 所示。

图 11 - 96　安全隐患显示场景

图 11 - 97　任务 3 提示界面

单击【确定】按钮，周转箱被转移，此隐患点排除，提示信息如图 11 - 98 所示。

图 11 - 98　安全隐患排除界面

继续操作角色到达任务 1 处，系统给任务 1 提示界面，如图 11 - 99 所示。

图 11 - 99　任务 1 提示界面

单击【确定】按钮，此隐患点被排除。

继续操作角色到达任务 5 处，系统出现任务提示界面，如图 11 – 100 所示。

图 11 – 100　任务 5 提示界面

单击【确定】按钮，此隐患点被排除。

继续操作角色到达任务 2 处，系统出现任务提示界面，如图 11 – 101 所示。

图 11 – 101　任务 2 提示界面

单击【确定】按钮，此隐患点被排除。

继续操作角色到达任务 4 处，系统出现任务提示界面，如图 11 – 102 所示。

图 11 – 102　任务 4 提示界面

单击【确定】按钮，此隐患点被排除。该任务知识点学习完成，可以继续领取下一个操作任务。

任务5：易燃品警告

按照领取任务的方式领取此任务后，出现任务描述界面，如图 11 - 103 所示。

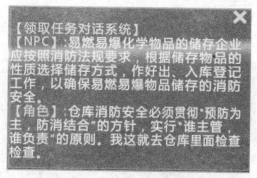

图 11 - 103　易燃品任务描述界面

　　操作角色来到任务目的地，发现一般品仓库内有没有贴上标志的货物，如图 11 - 104 所示。

图 11 - 104　货物违规场景

单击货物后，出现危险标志选择界面，如图 11 - 105 所示。

图 11 - 105　危险标志选择界面

选择危险易燃品标志，货物上则自动贴上危险品标志。

该任务知识点学习完成，可以继续领取下一个操作任务。

任务6：仓库环境卫生

按照领取任务的方式领取此任务后，出现任务描述界面，如图 11 – 106 所示。

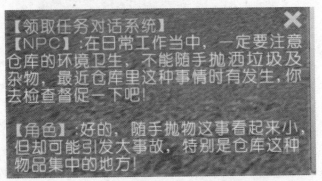

图 11 – 106　仓库环境卫生任务描述界面

操作角色来到任务目的地，发现危险品仓库地上存在垃圾，如图 11 – 107 所示。

图 11 – 107　危险品仓库存在垃圾场景

此时需要鼠标单击地上的饮料瓶垃圾，单击后饮料瓶消失，当所有垃圾都被清理完后，单击【关闭】按钮，提示关闭，该任务知识点学习完成，可以继续领取下一个操作任务。

任务7：消防栓周围环境

按照领取任务的方式领取此任务后，出现任务描述界面，如图 11 – 108 所示。

操作角色来到任务目的地，发现一般品仓库内消防栓、灭火器周边堆放物品，如图 11 – 109 所示。

单击【是】按钮，提示关闭，按照左下角的提示信息，单击消防栓周围的物品，清理完成后，出现提示信息，单击【是】按钮，提示关闭，该任务知识点学习完成，可以继续领取下一个操作任务。

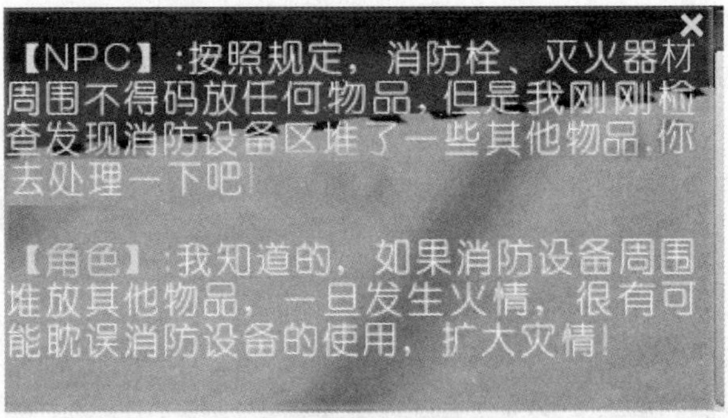

图 11 - 108   消防栓周围环境任务描述界面

图 11 - 109   杂物违规摆放场景

任务 8：残液倾倒

按照领取任务的方式领取此任务后，出现任务描述界面，如图 11 - 110 所示。

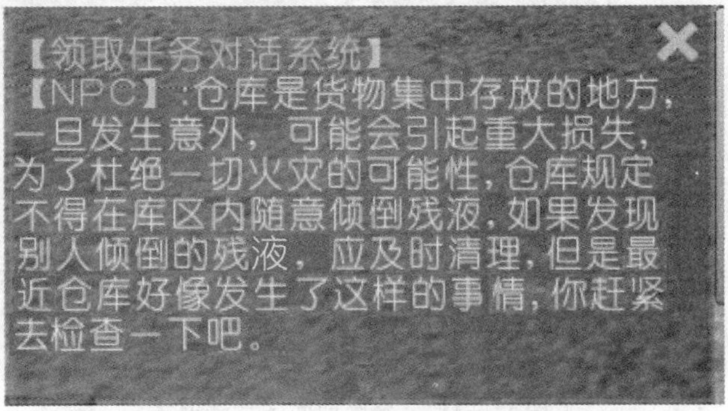

图 11 - 110   残液倾倒任务描述界面

操作角色来到任务目的地，发现危险品仓库地面上有倾倒的残液，如图 11 - 111 所示。

图 11 –111 仓库地面污损场景

将鼠标移到地面的残液上，出现提示信息，如图 11 – 112 所示，单击鼠标左键，残液和瓶子消失。

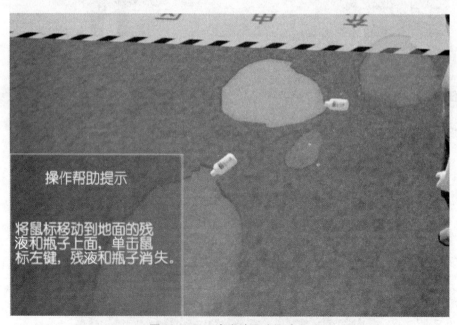

操作帮助提示

将鼠标移动到地面的残液和瓶子上面，单击鼠标左键，残液和瓶子消失。

图 11 –112 仓库地面残污清理

清理完成后系统出现提示信息，单击【是】按钮，提示关闭，该任务知识点学习完成。

11.3.4 货物安全

任务1：货物防盗

按照领取任务的方式领取此任务后，出现任务描述界面，如图 11 – 113 所示。

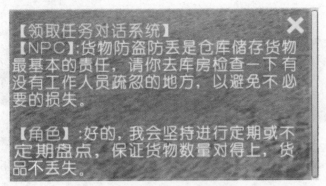

图 11 – 113 货物防盗任务描述界面

操作角色来到任务目的地，发现普货仓库虽然库门锁了，但是窗子却打开着，如图 11 – 114 所示。

图 11 – 114 普货仓库违规操作场景

此时操作角色靠近窗户，将鼠标放在窗户上，系统给出提示，如图 11 – 115 所示。

图 11 -115　系统提示界面

此时使用鼠标单击窗户，系统播放窗户关闭动画，窗户全部自动关闭，如图
11 -116所示。

图 11 -116　仓库窗户关闭界面

继续操作角色来到仓库门口，靠近大门后系统出现提示，如图 11 -117 所示。

此时，按键盘上的 B 键打开背包，双击背包中的钥匙图标，仓库大门自动打开，
如图 11 -118 所示。

图 11 – 117 系统提示界面

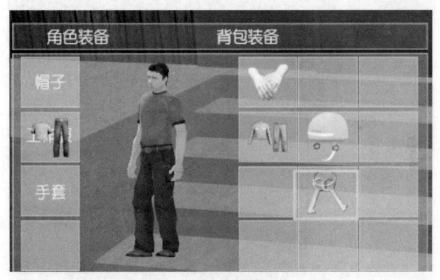

图 11 – 118 "钥匙"图标

　　进入仓库后，按照小地图上的指引，发现有一个贵重物品储存在货架上，如图11 – 119所示。

　　操作角色靠近贵重物品，将鼠标放在贵重物品上的同时会出现系统提示，如图11 – 120所示。

　　与此同时，右下角会出现相应的操作提示，在贵重物体上单击鼠标，可将贵重物品拾取到背包中。

图 11 - 119　仓库违规操作场景

图 11 - 120　系统提示界面

　　此时打开背包，会发现背包系统中增加了一个钻石图标，此图标代表贵重物品，如图 11 - 121 所示。

　　完成贵重物品的拾取后，此时场景中的贵重物品库出现一个绿色指引箭头，示意用户操作角色前往贵重物品库，如图 11 - 122 所示。

图 11 – 121   背包显示界面

图 11 – 122   箭头指示界面

此时操作角色移动至贵重物品库门口，因为贵重物品的特殊属性，所以贵重物品库的门是关闭的，如图 11 – 123 所示。此时，用户需要打开背包，双击钥匙打开贵重物品库的门。

打开贵重物品库的门后，系统会自动打开背包，如图 11 – 124 所示。

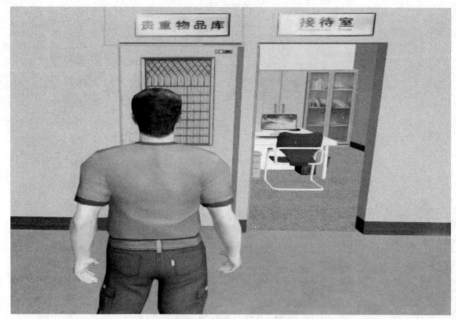

图 11-123　到达贵重物品库门口场景

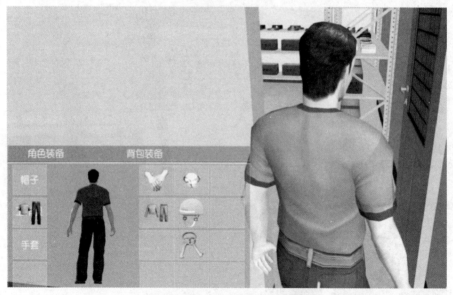

图 11-124　自动打开背包界面

此时选择背包中的钻石图标，该贵重物品被角色送入贵重物品库，如图 11-125 所示，同时背包中的贵重物品图标消失。

贵重物品放入贵重物品库后，此任务操作结束。用户可以继续领取下一个任务。

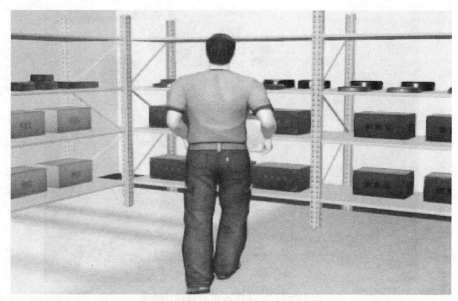

图 11 – 125　贵重物品入库操作

任务 2：分类存放货物

按照领取任务的方式领取此任务后，出现任务描述，如图 11 – 126 所示。

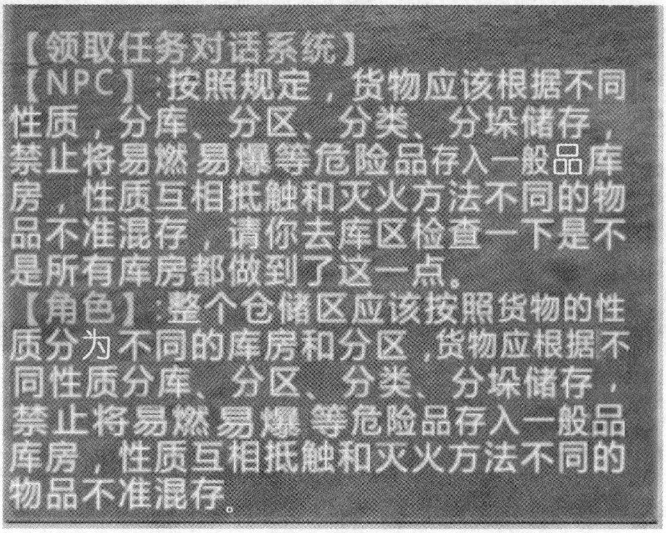

【领取任务对话系统】
【NPC】：按照规定，货物应该根据不同性质，分库、分区、分类、分垛储存，禁止将易燃易爆等危险品存入一般品库房，性质互相抵触和灭火方法不同的物品不准混存，请你去库区检查一下是不是所有库房都做到了这一点。
【角色】：整个仓储区应该按照货物的性质分为不同的库房和分区，货物应根据不同性质分库、分区、分类、分垛储存，禁止将易燃易爆等危险品存入一般品库房，性质互相抵触和灭火方法不同的物品不准混存。

图 11 – 126　分类存放货物任务描述界面

操作角色来到任务目的地，发现一般品货物仓库中有一名工作人员在理货，而此货物是烟花爆竹危险品，如图 11 – 127 所示。

此时系统提示是否继续理货，单击【否】按钮，系统弹出与理货相关的知识点，如图 11 – 128 所示。

图 11 - 127　工作人员违规操作场景

图 11 - 128　知识点介绍界面

　　单击【确定】按钮后，工作人员停止理货，并将货物搬出一般品仓库，系统自动播放工作人员搬运货物的动画，如图 11 - 129 所示。

　　货物搬运完成后，危险品自动消失，易爆品入库知识点学习完成，此时还有分类存放货物知识点要学习，此知识点位置处出现圆形标志，如图 11 - 130 所示。

　　控制角色靠近此知识点，发现饮料区存放有一箱烟草，为了防止烟草受潮，应将烟草搬离，鼠标放在烟草箱上后出现提示，如图 11 - 131 所示。

　　单击【是】按钮，然后单击烟草箱，烟草自动被搬离此区域，同时显示出分类存放货物需要注意的操作事项，如图 11 - 132 所示。

图 11 – 129 违规物品处理动画

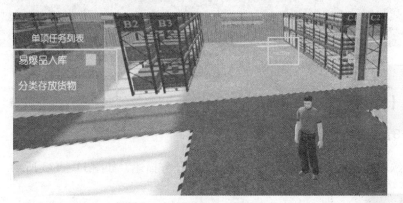

图 11 – 130 知识点显示界面

图 11 – 131 烟草存违规放场景

图 11-132　分类存放货物注意事项

单击【确定】按钮，完成此任务的操作，可以继续领取下一个操作任务。

任务 3：货物存放问题

按照领取任务的方式领取此任务后，出现任务描述，如图 11-133 所示。

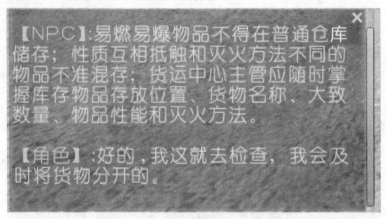

图 11-133　货物存放任务描述界面

操作角色来到任务目的地，发现危险品仓库中油棉纱和易爆物体存放在一起，如图 11-134 所示。

操作角色靠近油棉纱，系统给出货物存放相关知识点的提示，如图 11-135 所示。

图 11 –134　货物存放违规操作场景

易燃易爆物品不得在普通仓库储存；性质互相抵触和灭火方法不同的物品不准混存；货运中心主管应随时掌握库存物品存放位置、货物名称、大致数量、物品性能和灭火方法。

确　定

图 11 –135　货物存放知识点介绍

单击【确定】按钮，系统对货物分类存放错误的后果进行描述，如图 11 –136 所示。

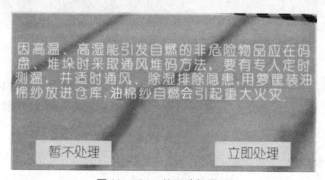

因高温、高湿能引发自燃的非危险物品应在码盘、堆垛时采取通风堆码方法，要有专人定时测温，并适时通风、除湿排除隐患,用萝筐装油棉纱放进仓库,油棉纱自燃会引起重大火灾.

暂不处理　　　　立即处理

图 11 –136　处理选择界面

单击【暂不处理】按钮后，出现如图 11 –137 及图 11 –138 所示的场景。

一个礼拜过后，由于环境湿度过大，发生化学反应，引起了仓库油棉纱的自燃，造成了重大损失。在我国，2007年浙江地区某厂用箩筐装油棉纱放进物资仓库，油棉纱自燃引起重大火灾，这次由易燃易爆物品引起的重大火灾，损失达上百万元。1979年，某保管纸火和火炮的仓库，由于保管员违章作业，引起纸火燃烧和鞭炮爆炸的重大火灾爆炸事故，造成的财产损失高达230万

图 11 - 137　仓库爆炸场景 1

一个礼拜过后，由于环境湿度过大，发生化学反应，引起了仓库油棉纱的自燃，造成了重大损失。在我国，2007年浙江地区某厂用箩筐装油棉纱放进物资仓库、油棉纱自燃引起重大火灾，这次由易燃易爆物品引起的重大火灾，损失达上百万元。1979年，某保管纸火和火炮的仓库，由于保管员违章作业，引起纸火燃烧和鞭炮爆炸的重大火灾爆炸事故，造成的财产损失高达230万

准备好工具，去看看怎么回事。

图 11 - 138　仓库爆炸场景 2

　　由于油棉纱湿度过大，发生自燃，使得仓库内发生火灾并爆炸，此时操作失误，系统会扣去相应的经验值。该任务知识点学习完成，可以继续领取下一个操作任务。

任务 4：朽木存放

　　按照领取任务的方式领取此任务后，出现任务描述，如图 11 - 139 所示。

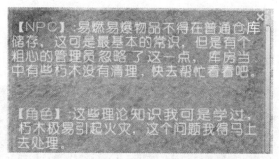

图 11 – 139　朽木存放任务描述界面

操作角色来到任务目的地，发现危险品仓库中随意摆放着一堆朽木，如图 11 – 140 所示。

图 11 – 140　朽木违规摆放场景

操作角色靠近朽木，单击朽木，系统出现提示，如图 11 –141 所示。

图 11 – 141　结果选择界面

单击【立即处理】按钮，朽木则自动搬离，该任务知识点学习完成，可以继续领取下一个操作任务。

任务5：货物码盘

按照领取任务的方式领取此任务后，出现货物码盘任务描述，如图 11 - 142 所示。

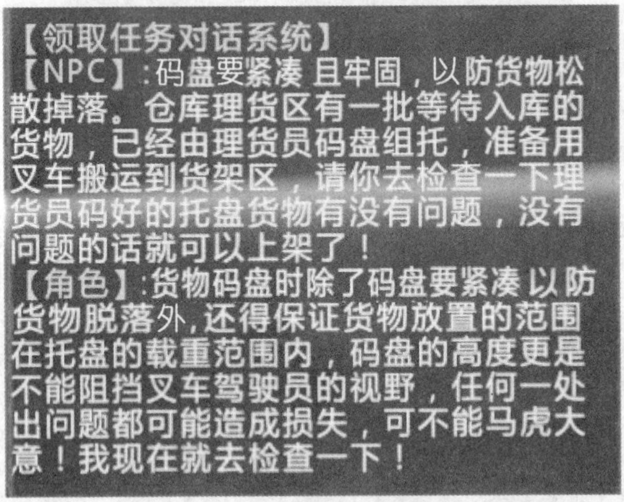

图 11 - 142　货物码盘任务描述界面

操作角色来到任务目的地，发现危险品库外有一堆物体即将搬到货架区，如图
11 - 143所示。

图 11 - 143　题目显示界面

界面中出现与货物码盘高度相关的选择题，选择 B 选项，单击【关闭】按钮，系
统自动将高出的部分高亮显示，如图 11 - 144 所示。

图 11 - 144　高出货物高亮显示场景

单击高出的部分，则高出的货物被自动移除，如图 11 - 145 所示。

图 11 - 145　高出的部分货物被移除的场景

单击货物，出现码盘的题目考核题，如图 11 - 146 所示。

图 11 - 146　码盘题目显示界面

选择 A 选项，然后单击【关闭】按钮，系统自动对货物进行裹膜加固，如图 11 - 147 所示。

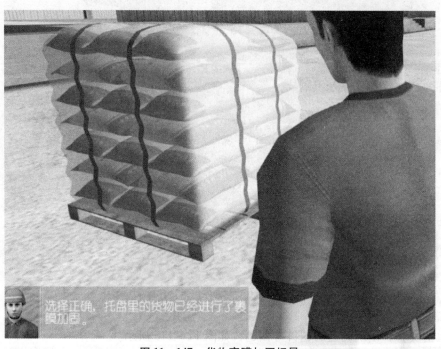

图 11 - 147　货物裹膜加固场景

单击已经裹膜加固处理过的货物，系统出现货物组托相关知识点，如图 11 – 148 所示。

图 11 – 148　货物组托相关知识点显示界面

学习完此知识点后，单击【完成学习】按钮，如图 11 – 149 所示。

图 11 – 149　完成学习界面

该任务知识点学习完成后，可以继续领取下一个操作任务。

任务6：货物保护

按照领取任务的方式领取此任务后，出现货物保护任务描述，如图 11 – 150 所示。

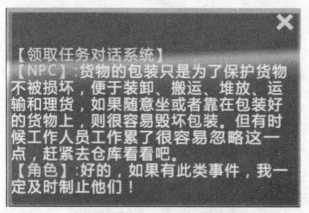

图 11 – 150　货物保护任务描述界面

操作角色来到任务目的地，发现一般品仓库内有一个工作人员正坐在货物上休息，如图 11 – 151 所示。

图 11 – 151　工作人员坐在已包装好的货物上的场景

根据提示信息，单击货物上的工作人员，该工作人员自动消失，并出现货物保护的相关知识点，如图 11 – 152 所示。

物流过程是为了实现物品的实体流动，因此货物的安全自然也贯穿于物流安全的始终。工作人员不能坐在已包装好的货物上面，以防损坏货物。

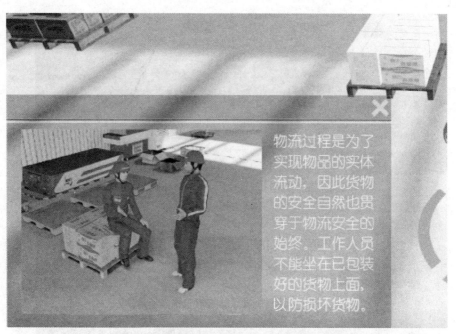

图 11－152　货物保护相关知识点显示界面

单击【关闭】按钮，提示关闭，该任务知识点学习完成，可以继续领取下一个操作任务。

任务7：叉车适当载物

按照领取任务的方式领取此任务后，出现叉车适当载物任务描述，如图 11－153 所示。

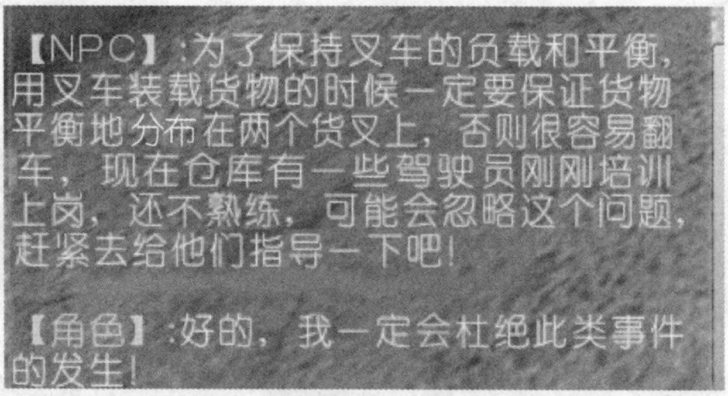

【NPC】:为了保持叉车的负载和平衡，用叉车装载货物的时候一定要保证货物平衡地分布在两个货叉上，否则很容易翻车，现在仓库有一些驾驶员刚刚培训上岗，还不熟练，可能会忽略这个问题，赶紧去给他们指导一下吧！
【角色】:好的，我一定会杜绝此类事件的发生！

图 11－153　叉车适当载物任务描述界面

操作角色来到任务目的地，发现一般品仓库内叉车上的载物失去平衡，如图11－154 及图 11－155 所示。

单击【是】按钮，然后单击叉车上的物体，物品高亮显示，如图 11－156 所示。

图 11 – 154　叉车载物失去平衡场景

图 11 – 155　叉车载物操作提示界面

图 11 – 156　物品高亮显示界面

单击后货物矫正，矫正完成后的界面如图 11 – 157 所示。

图 11 – 157 货物矫正完成后界面

单击提示信息中的【是】按钮，提示关闭，该任务知识点学习完成，可以继续领取下一个操作任务。

11.4 思考题

1. 仓储安全包括哪几类？
2. 简述仓储安全模拟仿真实验的关键环节。
3. 简述仓储人员安全涉及哪些关键环节。

本章小结

本章介绍了仓储安全的相关背景知识，设计了关于仓储安全的模拟仿真实验。通过本章的学习，学生能够加深对仓储安全知识的认识与了解。

12 空港物流仿真模拟实训

12.1 背景介绍

12.1.1 航空港的概念①

航空港（airport）是民用航空机场和有关服务设施构成的整体，是保证飞机安全起降的基地和空运旅客、货物的集散地，包括飞行区、客货运输服务区和机务维修区 3 个部分。

2013 年 3 月 7 日，国务院正式批复了《郑州航空港经济综合实验区发展规划 (2013—2025 年)》。这是全国首个上升为国家战略的航空港经济发展先行区，已于 2014 年 9 月 25 日提前实现自贸区功能。

12.1.2 航空港的分类

航空港按照所处的位置分为干线航空港和支线航空港。按业务范围分为国际航空港和国内航空港，其中，国际航空港需经政府主管部门核准，可以用来供国际航线的航空器起降营运，航空港内设有海关、移民、检疫和卫生机构；而国内航空港仅供国内航线的航空器使用，除特殊情况不对外国航空器开放。

12.1.3 航空港的组成

航空港分为飞行区、客货运输服务区和机务维修区 3 部分。

1. 飞行区

飞行区是保证飞机安全起降的区域，该区域内有跑道、滑行道、停机坪和无线电通信导航系统、目视助航设施及其他保障飞行安全的设施，该区域在航空港内占地面积最大。飞行区上空划有净空区，是规定的障碍物限制面以上的空域，地面物体不得超越限制面伸入。限制面根据机场起降飞机的性能确定。

2. 客货运输服务区

客货运输服务区是为旅客、货主提供地面服务的区域，主体是候机楼，此外还有客机坪、停车场、进出港道路系统等。货运量较大的航空港还专门设有货运站。客机

---

① 牟道忠. 航空港概论[M]. 北京：科学出版社，2013.

坪附近配有管线加油系统。

3. 机务维修区

机务维修区是飞机维护修理和航空港正常工作所必需的各种机务设施的区域。区内建有维修厂、维修机库、维修机坪和供水、供电、供热、供冷、下水等设施，以及消防站、急救站、储油库、铁路专用线等。

12.1.4　航空港的设计

1. 选址考虑

选址应符合城市总体规划，并考虑交通便利，不宜设于多雾、多烟和有暴风雨、雷电的地区。航空港上空和规定范围内应无高山等障碍物。此外，要远离鸟群栖息地，避免航空港环境对鸟类的吸引。为排除飞机起落时噪声对居民生活的干扰，机场同居民点应保持必要的距离。

航空港的主要建筑和设施有飞机跑道、停机坪、停车场、候机楼、指挥塔和机库等，此外还有货运站、中转旅馆等。

2. 跑道

跑道的布置形式和长度应根据接纳的飞机类型及航空港的布局、规模、经营方式等而定。一般飞行距离为 1 万千米的，跑道长 3640 米；飞行距离 5000 千米以下的，跑道长 2730 ~ 3020 米。跑道长度还与飞机性能有关，此外还要考虑航空港所在地海拔高度、平均最高气温和有效纵向坡度。跑道布置形式同航空港容量、基地风向等有关，常见的有带形、平行形、交叉形、V 形、综合形等。

3. 候机楼

候机楼是航空港中的主要建筑物。其中，为旅客服务的设施有：手续系统，包括签票柜台、行李托运柜台、检查处（安全、海关、出入境验证、卫生防疫等）、行李提取处等；服务系统，包括厕所、电话室、医务室、邮局、银行、理发室、出租汽车站、餐厅、酒吧、商店、书报亭、迎送者活动空间等；飞行交换系统，包括登机口、登机休息室、自动步行廊道、运载车、登机桥、舷梯和有关服务空间。此外，还有航空公司营运、管理和政府有关部门的设施用房。

候机楼的布局方式有以下几种：①集中式，旅客在出发厅办理手续，然后进入候机厅候机，再由登机口登机，适用于规模不大的航空港。②廊式，候机部分采用廊道栈桥布局方式，有单条形和指状的多条形，旅客在出发厅办理手续后在廊道内候机再经登机桥登机。这种形式适用于吞吐量大的航空港。③卫星亭式，其位置在候机楼外，以廊（地下或地上的）联系，旅客经候机卫星亭通过登机桥登机，是近十余年来采用较广泛的一种方式。④运载器方式，或称登机车方式。其方式是飞机停在远离候机楼的停机坪上，旅客搭乘登机车登机或离机。采用这种登机方式，候机楼可集中布置，平面灵活，不受飞机载客增多、飞机型号增大的影响。⑤直达登机口式，办理手续分散，设在每个停机位前，以尽量缩短旅客办理手续和候机的过程。

一个航空港可采用上述某种登机方式，也可采用几种方式布置。候机楼内的旅客同时有到达的、出发的和中转的，因此，候机楼可采用不同层次组织交通。

4. 指挥塔

指挥塔是航空港的指挥控制中心，应设在较高部位，或建于候机楼上部，或独立设塔。塔台和仪表飞行指挥室一般作叠层布置，塔台位于上部，顶端装置雷达和各种通信设备天线。

5. 机库

机库分为维修检查用机库和机体修理用机库，大都采用大跨度桁架、悬挂式、网架等大型空间结构。高大的机库大门要便于启闭，以方便工作人员出入。

6. 基本设施

通常来讲，航空港内配有以下设施：

（1）跑道与滑行道：前者供航空器起降，后者是航空器在跑道与停机坪之间出入的通道。

（2）停机坪：供飞机停留的场所。

（3）指挥塔或管制塔：航空器进出航空港的指挥中心，其位置应有利于指挥与航空管制，维护飞行安全。

（4）助航系统：辅助航空器安全飞行的设施，包括通信、气象、雷达、电子及目视助航设备。

（5）输油系统：为航空器补充油料。

（6）维护修理基地：为航空器做归航以后或起飞以前的例行检查、维护、保养和修理。

（7）货运站：货运站是货物暂存、装卸、搬运、信息处理等的活动场所。

（8）其他各种公共设施：包括水、电、通信、交通、消防系统等。

12.2　实训目的与要求

（1）使学生了解拣选工作的环境。

（2）使学生了解拣选工作的基本流程。

（3）使学生掌握拣选操作仿真模拟实训的基本操作。

12.3　实训内容与步骤

任务1：认识空港物流园区

1. 基本界面

进入认识空港物流园区模块，场景基本界面如图12-1所示。

图 12 - 1　空港物流园区模块

单击界面右下角的返回按钮，弹出对话框，左边为【确定】（离开）按钮，右边为【取消】（留在当前模块）按钮，画面中间为模块任务提示框，是对当前模块任务的简要说明。

2. 认识空港物流园区实训流程

用户首先通过任务提示框中的文字描述对该模块有一个宏观认识，如图 12 - 2 所示。

该模块是对空港物流园区各个功能区域内的仓库和配套设施的展示和说明，用户可以通过点击物流设施上方的光标了解其作用。

图 12 - 2　任务提示框

阅读完毕后单击右上角的【关闭】按钮关闭当前提示框，弹出如图 12 - 3 所示的界面。

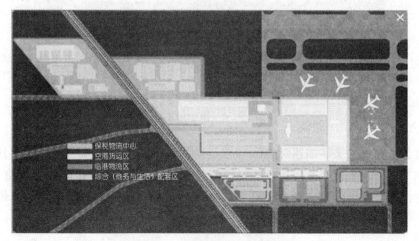

保税物流中心
空港货运区
临港物流区
综合（商务与生活）配套区

图 12 - 3　空港功能平面布局图

该图片是整个空港物流园区的功能平面布局图，上面不同的色块表示各功能区分布区域，当鼠标移至某色块区域内时，相应区域的颜色会发生变化，如图 12 – 4 所示。

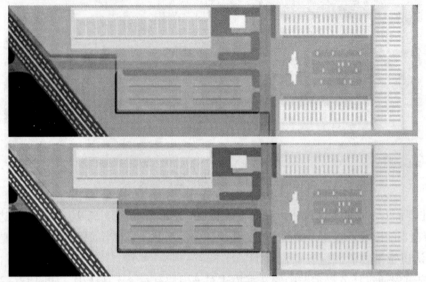

图 12 – 4　功能区分布

单击某色块区域会弹出相应区域的功能说明提示框，如图 12 – 5 所示。

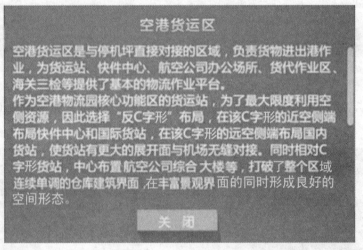

图 12 – 5　说明提示 1

通过提示框里的文字描述对该区域在空港物流园区里面所体现的功能及其重要性有了详细的了解。了解完各个功能区域后，单击空港功能平面分布图右上角的【关闭】按钮，空港功能平面分布图会消失到界面左下角，此时界面中会出现若干个带不同色块和文字的小图标，如图 12 – 6 所示。

图 12 - 6　空港功能区示意

通过界面右上角的方向图标，可以控制当前视图进行前、后、左、右水平移动。单击界面左下角图标，可以打开空港功能平面布局图。界面中间有若干带颜色和文字的小图标，其中，小图标上的文字为该区域的区域名称，不同颜色代表不同区域，当鼠标移动到某个小图标上时会出现该区域详细的功能说明，如图 12 - 7 所示。

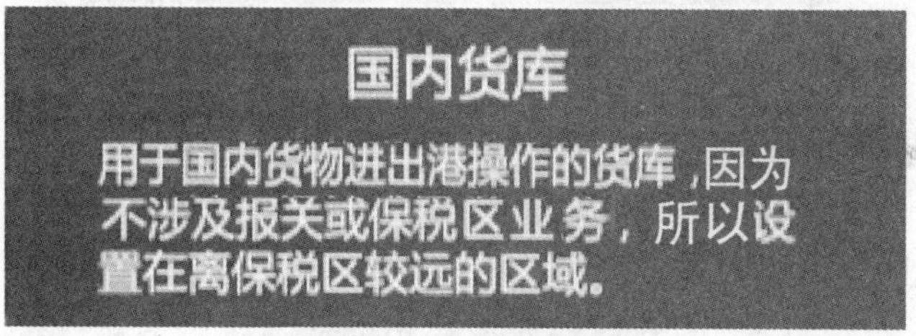

> # 国内货库
>
> 用于国内货物进出港操作的货库，因为不涉及报关或保税区业务，所以设置在离保税区较远的区域。

图 12 - 7　说明提示 2

当我们单击某个小图标时，当前镜头会快速拉近到该图标所在的区域，此时通过鼠标滚轮的滚动可以控制当前镜头视角画面的推进与拉远，按住鼠标左键不放还可以控制当前镜头的旋转，全方位立体地查看该区域的设施。

当我们逐一了解完各个区域之后，就会对空港物流园区里面各个仓库及配套设施的功能有系统、全面的了解，也就完成了该模块的学习。

任务 2：国内货物出港操作

1. 基本界面

国内货物出港操作场景的基本界面如图 12 - 8 所示。

使用键盘上的 W、S、A、D 键控制角色前、后、左、右跑动，当场景中没有对话框时，单击✅按钮，左下角会弹出流程说明对话框，如图 12 - 9 所示。

图 12 – 8　国内货物出港操作区

图 12 – 9　流程说明

当场景中没有对话框的时候，单击【返回】按钮，这时在界面右下角会弹出一个对话框，如图 12 – 10 所示，单击 "☑" 按钮，会跳转到模块选择场景，单击【关闭】按钮，会关闭并退出对话框。

图 12 – 10　关闭对话框

图 12 – 10 的右上角是地图指示框，发光点标示的是任务点。

2. 国内货物出港操作实训流程

（1）交货

交货场景如图 12 – 11 所示。

图 12 – 11　交货场景

进入场景以后，可以发现场景中有一个绿色箭头，控制角色碰撞此箭头，界面上出现提示框，如图 12 – 12 所示。

图 12 – 12　提示界面

单击提示框中的【确定】按钮，即可出现角色切换指示，单击【角色切换】按钮，出现角色选择界面，如图 12 – 13 所示。

图 12 - 13　角色选择界面

按照提示选择"仓库操作人员",然后单击【关闭】按钮。相应场景中的角色也会根据选择进行自动切换,如图 12 - 14 所示。

图 12 - 14　切换场景中的角色

角色选择正确后,出现交货操作的任务卡提示,如图 12 - 15 所示。

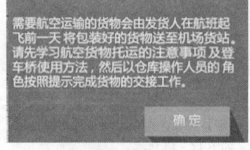

图 12 - 15　任务卡提示

单击【确定】按钮，接受此任务，此时会发现仓库入口处出现运送货物的车辆，如图 12 - 16 所示。

图 12 - 16　运送货物车辆

当车辆到达仓库入库区门口时，出现航空货物托运的注意事项知识点界面，如图 12 - 17 所示。

图 12 - 17　知识点界面

拖动知识点介绍窗口的滚动条，可以进行相关知识点的学习。单击【关闭】按钮，关闭知识点提示框，左下角会弹出该知识点的考核题目，如图 12 - 18 所示。

选择答案后单击【提交答案】按钮，如果选择错误，右下角便会出现系统提示，出现多项选择考核界面，选择正确则出现下一道考核题目，如图 12 - 19 所示。

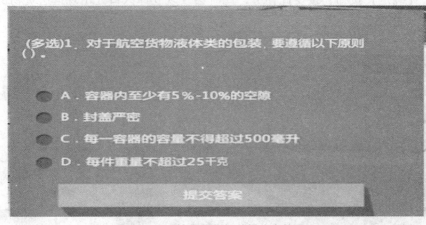

图 12 - 18　航空货物相关操作考核题目

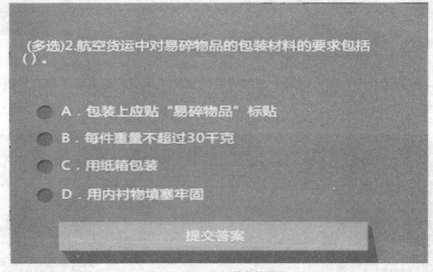

图 12 - 19　下一道考核题目

选择正确选项 AD，然后单击【提交答案】按钮，该任务知识点的理论考核完成，出现新的任务提示，如图 12 - 20 所示。

图 12 - 20　任务提示信息 1

单击【确定】按钮，出现任务指引箭头，如图 12 - 21 所示。

图 12 – 21　提示箭头

此时控制角色碰撞此箭头，则场景中的车门自动打开，系统提示进行登车桥相关知识点的学习，如图 12 – 22 所示。

图 12 – 22　知识点学习

单击【确定】按钮，此时系统对登车桥的控制开关给予特写，如图 12 – 23 所示。

单击左下角提示信息框中的【确定】按钮，出现与登车桥相关的知识点，如图 12 – 24 所示。

完成知识的学习后，单击【关闭】按钮，则出现登车桥相关的考核题目，如图 12 – 25 所示。

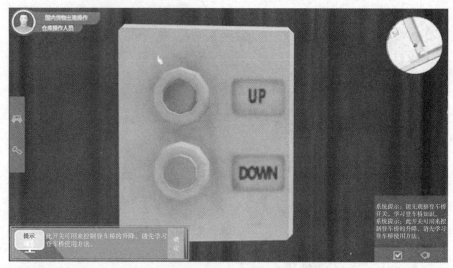

图 12 - 23　控制开关

图 12 - 24　与登车桥相关的知识点

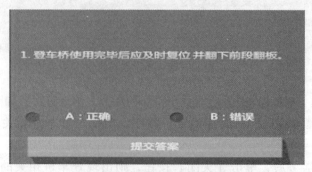

图 12 - 25　登车桥的考核题目

选择正确选项，然后单击【提交答案】按钮，系统出现下一步操作提示，如图 12 - 26 所示。

图 12 - 26　继续操作的提示信息

单击【确定】按钮，界面左下角出现登车桥的控制开关，此时长按【UP】按钮，登车桥升起，直到前面的唇板升到最高点后，绿色示意区域消失，此时车辆自动倒车，出现将登车桥下降到指定高度的示意，如图 12 - 27 所示。

图 12 - 27　登车桥下降

长按【DOWN】按钮，登车桥下降。当登车桥下降到合适高度时，场景中出现绿色箭头，如图 12 - 28 所示。

图 12 - 28　登车桥控制

此时操作角色通过登车桥进入车厢，碰撞绿色箭头，使用鼠标单击货物，进行货物的搬运，如图 12 - 29 所示。

图 12 - 29　搬运货物

搬运货物到安检机旁后，再单击地面上托盘上的绿色区域，则系统自动将货物放在所单击的区域，如图 12 - 30 所示。

图 12 - 30　搬运至指定区域

此时操作角色再次进入车厢搬取货物，重复此系列操作，当将第二箱货物搬运到目的地后，界面出现【自动完成搬运货物操作】按钮，此时如果单击【自动完成交货】按钮，则系统自动完成操作，无须用户重复操作。完成货物的搬运操作后，此时界面出现单证流转窗口，如图 12 - 31 所示。

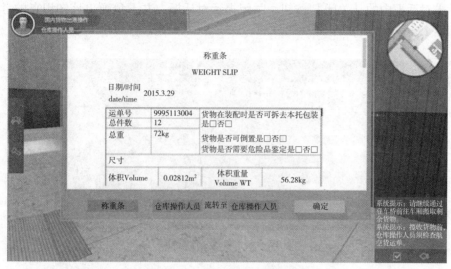

图 12 – 31　单证流转窗口

单击界面下方的按钮分别选择正确的单证类型、发送人以及接收人。选择正确的选项后如图 12 – 32 所示。

图 12 – 32　单证类型

单击【确定】按钮，即可完成交货情景的操作，下一步会继续进行安检/过磅情景的学习。

（2）安检/过磅

安检/过磅场景如图 12 – 33 所示。

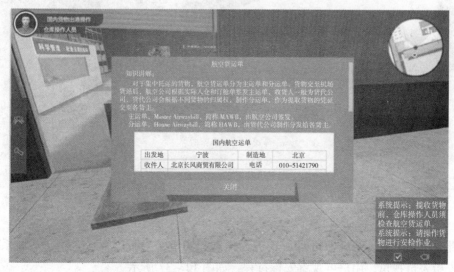

图 12 – 33　安检/过磅场景

单击对话框中的【关闭】按钮，关闭提示对话框，左下角弹出该知识点的考核题目，如图 12-34 所示。

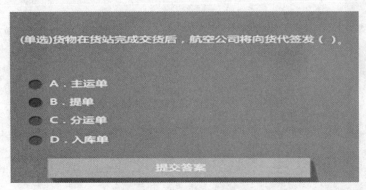

图 12-34　单选考核题目

选择正确答案 A，然后单击【提交答案】按钮，该知识点的理论考核完成，出现任务提示，如图 12-35 所示。

图 12-35　任务提示信息 2

单击【确定】按钮，界面左下角出现无线称重显示器，如图 12-36 所示。

图 12-36　无线称重显示器

此时单击货箱，系统即可对货箱进行称重和安检，当搬运第二个箱子后，系统切换到安检人员视角，用户可观察安检过程，如图 12-37 所示。

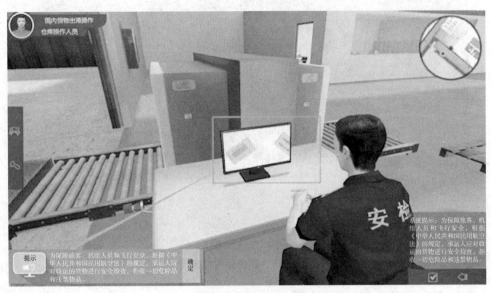

图 12 – 37　安检过程

单击【确定】按钮后，继续单击货物进行货物的称重，此时出现自动完成的系统提示，单击【自动完成安检操作】按钮，则安检操作自动完成。

安检完成后，系统会自动弹出单证流转窗口，如图 12 – 38 所示。

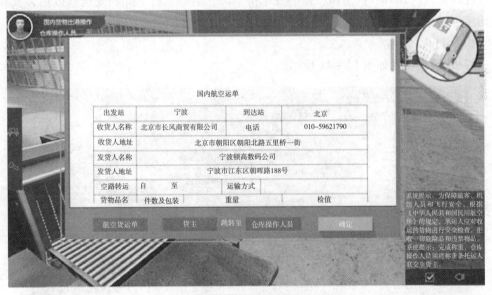

图 12 – 38　单证流转

单击【确定】按钮，完成此次单证的流转。根据系统提示，需要将登车桥降低到安全高度，如图 12 – 39 所示。

图 12 - 39　降低登车桥高度

根据系统右下角的提示，可知此环节需要选择称重条，如图 12 - 40 所示。

图 12 - 40　选择称重条

此时长按【DOWN】按钮，控制登车桥下降。当登车桥下降到安全高度后，安检/过磅流程结束，开始打板/装箱环节的学习。

（3）打板/装箱

打板/装箱场景如图 12 - 41 所示。

图 12 - 41　打板/装箱场景

操作角色进入仓库，碰撞场景中的绿色任务指引箭头，出现任务描述卡，如图12－42所示。

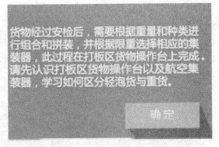

图 12－42　打板/装箱任务描述卡

单击对话框中的【确定】按钮，出现提示信息，如图 12－43 所示。

图 12－43　货物操作台提示

单击提示对话框中的【关闭】按钮，关闭提示对话框，左下角会弹出该知识点的考核题目，如图 12－44 所示。

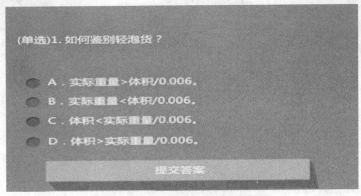

图 12－44　鉴别轻泡货考核题

选择正确答案后单击【提交答案】按钮，出现与该知识点相关的下一道考核题目，如图 12-45 所示。

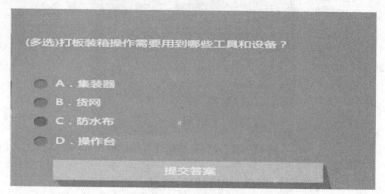

图 12-45 打板/装箱考核题

选择正确答案后单击【提交答案】按钮，该知识点的理论考核完成，出现新的任务提示，如图 12-46 所示。

图 12-46 任务提示信息 3

单击【确定】按钮，界面出现选择工具的提示，单击"工具栏"按钮，选择"集装板"工具项（🔗），鼠标单击，需要装备的区域绿色高亮闪动，此时，将集装板图标移动到绿色高亮闪动区域，再次单击，即可完成此工具的使用，如图 12-47 所示。

图 12-47 移动集装板

　　完成集装板的放置后，单击【确定】按钮，出现相关的知识点介绍，如图 12 – 48 所示。

图 12 – 48　知识点介绍

　　单击对话框中的【关闭】按钮，关闭提示对话框，左下角弹出该知识点的考核题目，如图 12 – 49 所示。

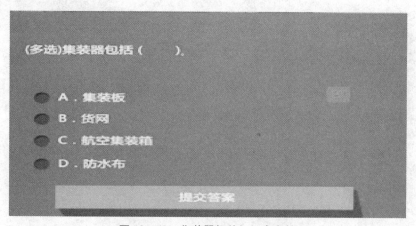

图 12 – 49　集装器相关知识点考核

　　选择正确答案，然后单击【提交答案】按钮，该知识点的理论考核完成，出现任务提示，如图 12 – 50 所示。

图 12 – 50　任务提示信息 4

单击【确定】按钮，界面出现选择货品的提示，如图12-51所示。

图12-51 选择货品

单击地面上的货物，货物会自动摆放至集装板上，如图12-52所示。

图12-52 摆放货物

单击【确定】按钮，界面出现选择工具的提示，单击"工具栏"按钮，选择"防水布"工具项，鼠标单击，需要装备的区域绿色高亮闪动，如图12-53所示。

图 12 - 53　任务提示 1

此时，将防水布移动到绿色高亮闪动区域，再次单击，即可完成此工具的使用，如图 12 - 54 所示，并出现新的任务提示。

图 12 - 54　工具使用完成

单击【确定】按钮，界面出现选择工具的提示，单击"工具栏"按钮，选择"货网"工具项，需要装备的区域绿色高亮闪动，如图 12 - 55 所示。

此时，将货网移动到此区域，再次单击，即可完成此工具的使用，如图 12 - 56 所示，并出现新的任务提示。

单击【确定】按钮，出现平衡室相关知识点窗口，如图 12 - 57 所示。

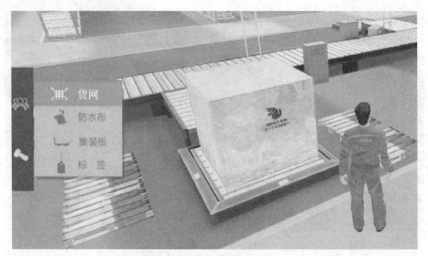

图 12 – 55　任务提示 2

图 12 – 56　完成工具使用

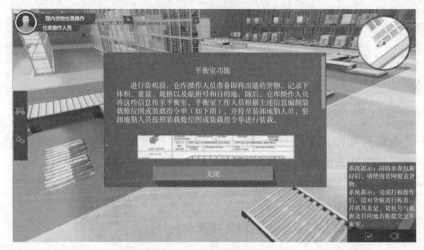

图 12 – 57　平衡室知识点提示

单击对话框中的【关闭】按钮，关闭提示对话框，左下角弹出该知识点的考核题目，如图 12 –58 所示。

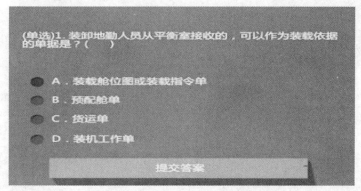

图 12 –58　知识点平衡室相关内容考核

选择正确答案，然后单击【提交答案】按钮，该知识点的理论考核完成，出现新任务提示，如图 12 –59 所示。

图 12 –59　任务提示信息 5

单击【确定】按钮，货物通过操作台自动运送，如图 12 –60 所示。

图 12 –60　操作台自动运送货物

当货物位于称重器上时，场景中的显示器显示货物的真实重量，如图 12 –61 所示。

单击系统提示信息对话框中的【确定】按钮，货物将自动运送到平板车处。当货物位于平板车上后，场景中出现绿色指示箭头，如图 12 –62 所示。

图 12 – 61 称重

图 12 – 62 货物至平板车

操作角色碰撞绿色指示箭头后出现任务提示，如图 12 – 63 所示。

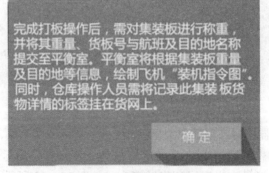

图 12 – 63 平衡室任务提示

单击【确定】按钮，系统提示需要将标签挂在货网上，界面出现选择工具的提示，单击"工具栏"按钮，选择"标签"工具项，鼠标单击后需要装备的区域绿色高亮闪动，如图 12 – 64 所示。

图 12 – 64　绿色区域闪动

此时，将标签移动到此区域，再次单击，即完成此工具的使用，如图 12 – 65 所示。

图 12 – 65　工具使用

单击【确定】按钮，出现单证流转窗口，如图 12 – 66 所示。

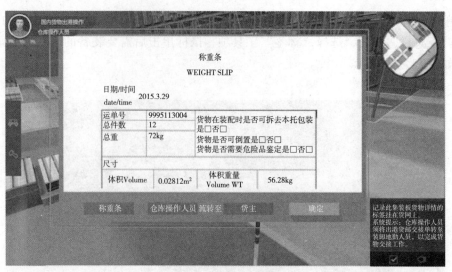

图 12 – 66　单证流转窗口

根据系统右下角的提示，可知此环节需要选择出港货邮交接单，如图 12 – 67 所示。

图 12 – 67　出港货邮交接单

单击【确定】按钮，完成此次单证的流转。

（4）出货

出货场景如图 12 – 68 所示。

图 12 – 68　出货场景

根据地面上的箭头指引，使用键盘上的 W、S、A、D 键控制板车到达外场区域，如图 12 - 69 所示。

图 12 - 69　外场区域

控制板车到达目标位置，弹出的界面如图 12 - 70 所示。

图 12 - 70　目标位置

单击对话框中【关闭】按钮，关闭提示对话框，从左下角弹出该知识点的考核题目，如图 12 - 71 所示。

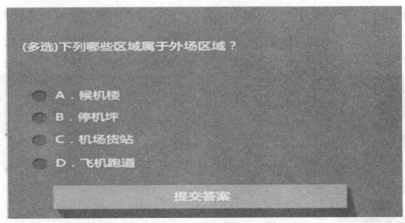

图 12-71　出货相关的考核题

选择正确答案，然后单击【提交答案】按钮，该知识点的理论考核完成，出现新的任务提示，如图 12-72 所示。

图 12-72　任务提示信息 6

单击【确定】按钮，板车前部的悬挂部分高亮显示，单击此高亮部分，自动完成挂载，如图 12-73 所示。

图 12-73　挂载

挂载完成后，开始进行第二节车厢的操作，如图 12-74 所示。

图 12 - 74　第二节车厢操作

　　单击板车前部的高亮部分，自动完成挂载。此时根据系统提示，使用键盘上的 W、S、A、D 键控制车辆到达装机区域，如图 12 - 75 所示。

图 12 - 75　装机区域

到达目标位置后，完成出货场景的操作。

（5）装机

装机场景如图 12 - 76 所示。

图 12-76　装机场景

单击系统提示信息对话框中的【确定】按钮，关闭对话框，出现散货装卸方式相关的知识点，如图 12-77 所示。

图 12-77　散货装卸方式相关知识点学习

单击对话框中的【关闭】按钮，关闭提示对话框，从左下角弹出该知识点的考核题目，如图 12-78 所示。

图 12 - 78 散货装卸相关内容的考核题

选择正确答案，然后单击【提交答案】按钮，出现下一道考核题，如图 12 - 79 所示。

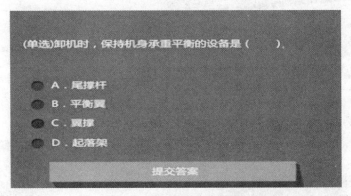

图 12 - 79 知识点考核题

选择正确答案，该知识点的理论考核完成，出现新的任务提示，如图 12 - 80 所示。

图 12 - 80 任务提示信息 7

单击【确定】按钮后，出现要求选择角色类型的系统提示，如图 12 - 81 所示。

图 12 - 81 选择角色类型的系统提示信息

单击【确定】按钮，出现角色选择窗口，选择"装卸地勤人员"角色，如图 12 - 82 所示。

单击界面右上角的【关闭】按钮，则完成角色的选择，出现系统提示，如图 12 - 83 所示。

图 12 - 82　装卸地勤角色界面

图 12 - 83　系统提示

单击【确定】按钮，出现"装机工作单"窗口，如图 12 - 84 所示。

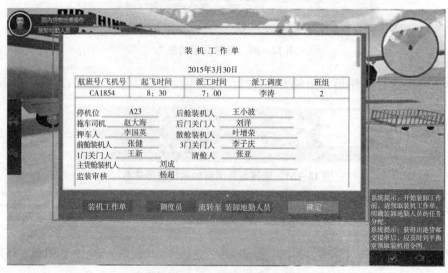

图 12 - 84　"装机工作单"窗口

根据系统右下角的提示,可知此环节需要选择装机工作单,如图 12 - 85 所示。

图 12 - 85　装机工作单

单击【确定】按钮,完成此次装机工作单。系统出现新的提示,如图 12 - 86 所示。

图 12 - 86　信息提示 1

单击【确定】按钮,出现单证流转窗口,如图 12 - 87 所示。

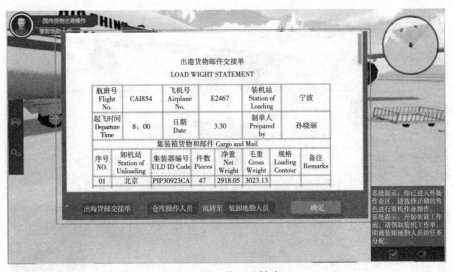

图 12 - 87　单证流转窗口

根据系统右下角的提示，可知此环节需要选择出港货邮交接单，如图 12 – 88 所示。

图 12 – 88　出港货邮交接单

单击【确定】按钮，完成此次单证的流转，系统出现新的提示，如图 12 – 89 所示。

图 12 – 89　信息提示 2

单击【确定】按钮，进行装机作业的操作，使用鼠标单击高亮显示的货物，货物通过升降台运入飞机，如图 12 – 90 所示。

图 12 – 90　货物装入飞机

完成装机作业后，界面出现飞机起飞的图片，并对整个流程进行简单总结，如图12-91所示。至此，航空货物的出港操作流程结束。

图 12-91 流程总结

单击【完成】按钮，出现如图 12-92 所示的界面。

图 12-92 返回界面

单击██按钮会关闭对话框，单击██按钮则会关闭对话框并跳转到模块选择界面，如图 12-93 所示。

图 12 - 93　模块选择界面

本模块操作完成。

任务 3：国内货物进港操作

1. 基本界面

国内货物进港操作的基本界面如图 12 - 94 所示。

图 12 - 94　基本界面

　　界面左上角显示的是当前操作场景的名称、操作人员的图标、操作人员的名称；界面右上角是地图指示框，向上图标指示的是任务点的方向，发光点所标示的是任务点的位置。

　　界面左侧是【人物】和【工具选择】按钮，单击【人物】按钮，弹出"人物选择"对话框，单击【工具选择】按钮，弹出"工具选择"对话框。界面右下角是操作步骤【提示】和【返回】按钮，单击【提示】按钮，弹出"任务说明"对话框，单击【后退】按钮，弹出"返回和退出选择"对话框。

　　2. 国内货物进港操作实训流程

　　（1）卸货

　　进入卸货场景以后，场景中会有文字提示，等待【完成】按钮弹出以后，单击【完成】按钮，关闭对话框，场景左下角弹出任务说明对话框，如图 12 - 95 所示。

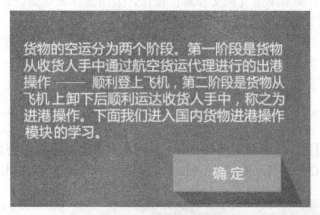

图 12 - 95　任务说明对话框

　　单击【确定】按钮，关闭任务说明对话框；打开散货装卸方式知识点对话框，如图 12 - 96 所示，拖动滚动条查看知识点内容，单击知识点下方的【关闭】按钮，关闭知识点对话框。

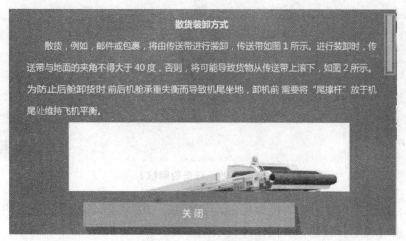

图 12 - 96　散货装卸方式

打开选择题对话框，如图 12 - 97 所示。

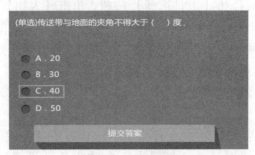

图 12 - 97　选择题

选择 C 选项，然后单击【提交答案】按钮，关闭选择题对话框，打开新的任务提示，如图 12 - 98 所示。

图 12 - 98　任务提示信息 8

单击【确定】按钮，关闭任务提示框。按照右上角地图提示，通过方向键和鼠标控制角色到达如图 12 - 99 所示的位置，到达指定位置以后界面左下角弹出任务说明框。

图 12 - 99　任务说明框 1

同时，场景中出现闪烁的模型提示，如图 12 - 100 所示。按照任务说明框的提示内容，单击【确定】按钮，关闭任务提示框。

图 12 – 100　任务说明框 2

单击【工具选择】按钮，打开工具面板，选择"尾撑杆"工具项，此时鼠标的样式发生变化，单击场景中闪烁的模型，鼠标图标消失，场景中出现尾撑杆的模型，同时左下角弹出新的任务提示，如图 12 – 101 所示。

图 12 – 101　任务提示信息 9

单击【确定】按钮，关闭任务提示框；按照右上角地图提示，通过方向键和鼠标控制角色按照图中所示的方向移动，如图 12 – 102 所示。

图 12 – 102　角色移动

最后到达如图 12 - 103 所示的位置，出现角色上车的动作和皮带车移动到运输机下面的动作。

图 12 - 103　到达指定区域

黑屏过渡完成以后，出现皮带车中有闪烁的部件，右下角弹出任务说明框，按照任务说明框的提示，单击场景中闪烁的黄色部分，关闭任务提示框，其中场景中闪烁部分停止闪烁并向上升起。过程如图 12 - 104 至图 12 - 106 所示。

图 12 - 104　任务提示 3

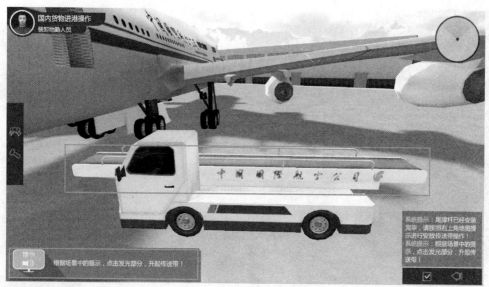

图 12 - 105　升起传送带

图 12 - 106　传送带到位

　　黑屏过渡完成以后，场景中出现皮带卸货的动作，如图 12 - 107 所示。其中，左下角弹出任务提示框，等卸货动作完成以后，黑屏过渡，关闭任务提示框，场景出现闪烁的模型、工具选择提示图标，左下角弹出任务说明框。按照提示，单击【工具选择】按钮，弹出"工具"面板，选择"货网"工具项，此时鼠标样式变化，单击闪烁的模型，鼠标样式消失，模型闪烁消失，场景中出现货网的模型，同时左下角弹出任务提示框，如图 12 - 108 所示，单击【确定】按钮，关闭任务提示框。

图 12 - 107　传送货物

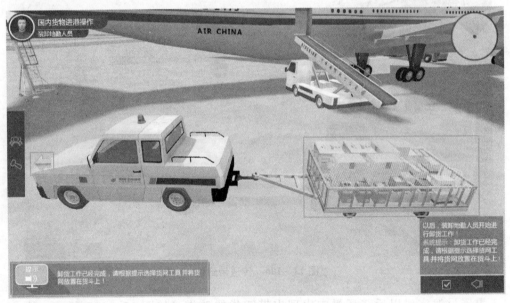

图 12 - 108　完成任务

（2）理货

黑屏过渡完成以后，出现如图 12 - 109 所示的场景，为角色选择提示场景，当系统出现任务说明对话框，按照箭头提示，单击【角色】按钮，弹出"角色选择"面板。

图 12 - 109　角色选择界面

　　单击选中角色，然后关闭"角色选择"面板，单击左下角任务框中的【确定】按钮，关闭任务对话框；通过方向键和鼠标控制角色来到如图 12 - 110 所示的位置上。

图 12 - 110　角色到达指定区域

　　场景过渡到图 12 - 111 的位置，场景中出现闪烁的货网模型，单击闪烁的区域，货网消失。

　　场景中闪烁的货网模型区域出现绿色闪烁提示，左下角出现任务操作提示，按照任务操作提示，将鼠标移动到绿色闪烁区域内的货物上，场景如图 12 - 112 所示。

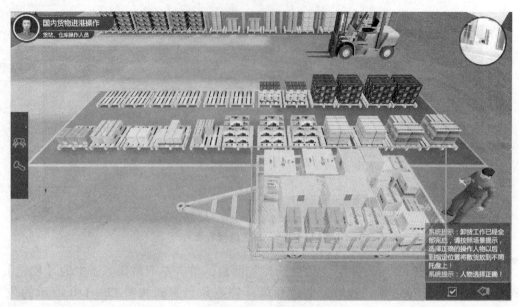

图 12 – 111　货网消失

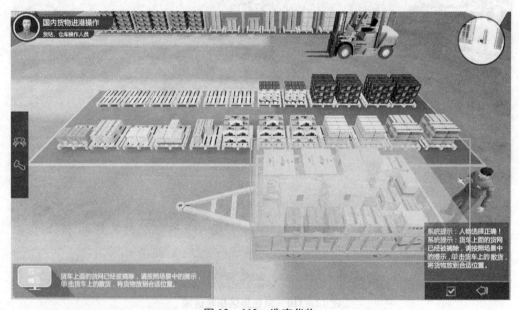

图 12 – 112　选定货物

单击绿色闪烁区域内的货物，场景中会出现货物的模型，单击 10 件以上的货物之后，黑屏过渡，出现如图 12 – 113 所示的场景。左下角出现任务提示框，按照任务提示单击【确定】按钮，关闭任务提示框。

（3）入库

入库场景如图 12 – 113 所示。

图 12 - 113　入库场景

利用方向键和鼠标控制角色来到如图 12 - 113 所示的位置，弹出知识点对话框，如图 12 - 114 所示，关闭知识点对话框以后弹出选择题对话框，选择 B 选项以后，单击【提交答案】按钮，关闭选择题对话框。

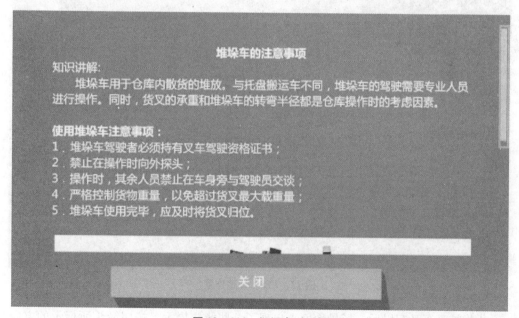

图 12 - 114　知识点对话框

黑屏过渡以后，出现如图 12 - 115 所示的场景。

图 12 –115　叉车场景

参考图 12 –115 右上角地图所标示的位置，利用方向键和鼠标控制叉车到达图 12 –116所示的位置。

图 12 –116　指定位置

货物被叉车叉起以后，场景地面上出现了一些箭头提示，按照箭头所标示的方向，利用方向键和鼠标控制叉车到达指定位置，如图 12 –117 所示。

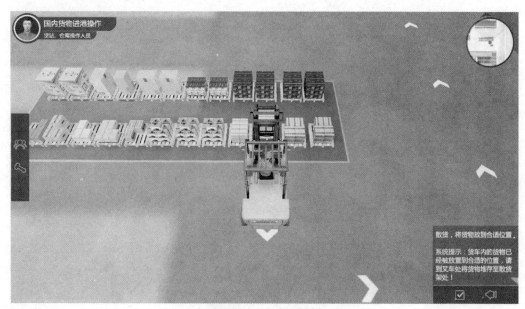

图 12 – 117　叉取货物

　　控制叉车到达图 12 – 118 所示的位置，地面上的黄色箭头消失，等货物放下以后，按照右上角的地图提示返回原来位置。放置货物如图 12 – 119 所示。

图 12 – 118　到达指定位置 1

图 12 – 119　放置货物

　　场景地面上出现了一些箭头提示，按照箭头所标示的方向，利用方向键和鼠标控制叉车到达指定位置，过程如图 12 – 120 和图 12 – 121 所示。

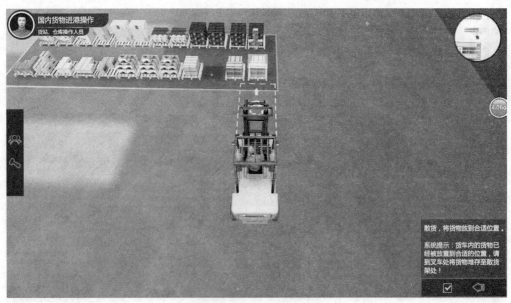

图 12 – 120　到达指定位置 2

图 12 – 121　完成任务

货物放下以后，地面上的黄色箭头消失，黑屏过渡到如图 12 – 122 所示的场景。

图 12 – 122　到货通知场景

（4）到货通知

黑屏过渡完成后，左下角出现任务提示框，单击【确定】按钮，关闭任务提示框，重新弹出另一个任务提示框，单击【确定】按钮，关闭提示框，弹出知识点对话框，学习完该知识点以后，单击【关闭】按钮，关闭知识点对话框。

根据右上角地图所标示的位置，利用方向键和鼠标控制角色按照图 12 – 123 所示的方向行走到客服办公室。

图 12 – 123　角色移动

到达如图 12 – 124 所示的位置以后，出现黑屏过渡。

图 12 – 124　办公室

出现如图 12 – 125 所示的场景，场景中有绿色提示的传真机，左下角有任务提示框，单击【确定】按钮，关闭提示框，场景中的客服人员开始发送传真文件，文件传送完成后，左下角弹出新的任务提示说明框，单击【确定】按钮，关闭提示框，左下角弹出对话内容显示框，再单击【确定】按钮，关闭对话框。

图 12 - 125 客服人员

黑屏过渡完成后，打开如图 12 - 126 所示的任务完成的场景。

图 12 - 126 传送完成

接着左下角弹出新的任务提示说明框，单击【确定】按钮，关闭提示框。

（5）提货

提货场景如图 12 - 127 所示。

参考右上角提示，利用方向键和鼠标控制角色行走到如图 12 - 127 所示的位置，左下角弹出任务说明提示框，单击【确定】按钮，关闭提示框。

图 12 - 127 提货场景

黑屏过渡完成以后，参考右上角地图提示，利用方向键和鼠标控制叉车行驶到如图 12 - 128 所示的位置，等叉车将货物叉起后，继续控制叉车到达指定位置。

图 12 - 128 叉起货物

等货物被放下来以后，继续利用方向键和鼠标控制叉车行驶到如图 12 - 129 所示的位置。

等货物被叉车叉起后，控制叉车行驶到指定的位置，如图 12 - 130 所示。等货物被放下来以后，继续控制叉车到达如图 12 - 130 右侧标示的区域。

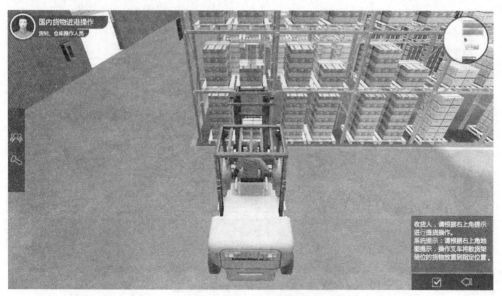

图 12 – 129 到达指定位置

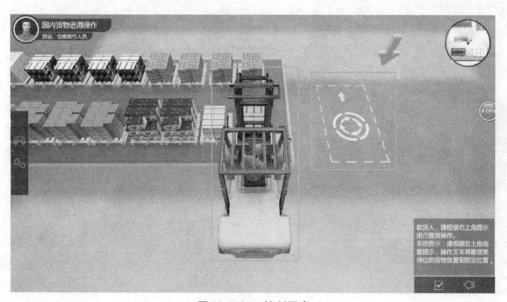

图 12 – 130 控制叉车

　　黑屏过渡后，打开的场景左下角弹出任务提示框，单击【确定】按钮，关闭提示框。弹出分拣单的提示框，如图 12 – 131 所示，单击【关闭】按钮，关闭分拣单提示框，弹出另一个任务提示框，单击【确定】按钮，关闭任务提示框。

　　黑屏过渡后，弹出如图 12 – 132 所示的场景，控制叉车到达图 12 – 132 所示的位置。

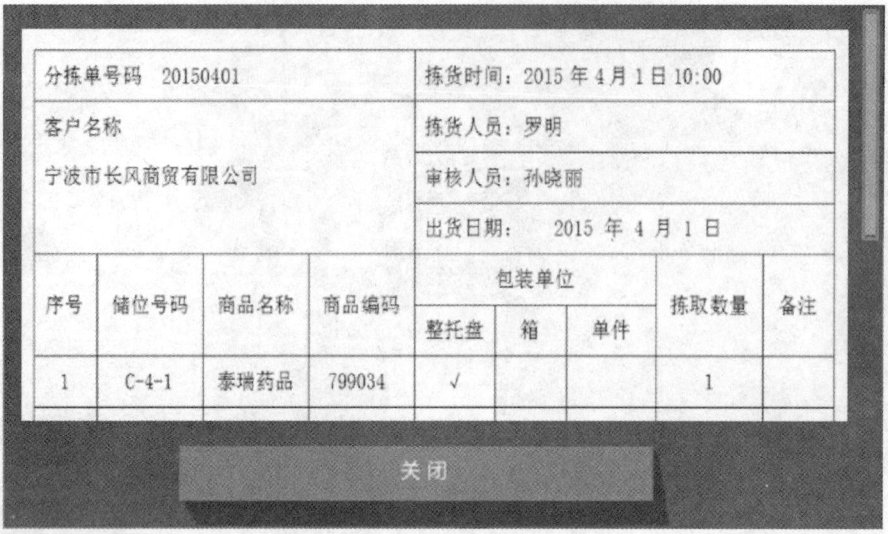

分拣单号码　20150401	拣货时间：2015 年 4 月 1 日 10:00		
客户名称	拣货人员：罗明		
宁波市长风商贸有限公司	审核人员：孙晓丽		
	出货日期：　2015 年 4 月 1 日		

序号	储位号码	商品名称	商品编码	包装单位			拣取数量	备注
				整托盘	箱	单件		
1	C-4-1	泰瑞药品	799034	√			1	

关闭

图 12 – 131　关闭分拣单提示框

图 12 – 132　控制叉车到达目的地

　　此时地面上出现黄色的箭头提示，如图 12 – 133 所示。控制叉车按照地图和黄色箭头指示来到指定位置。

　　等货物被放下来以后，地面黄色箭头指示消失，参考右上角地图提示，继续控制叉车回到原来的位置，如图 12 – 134 所示。

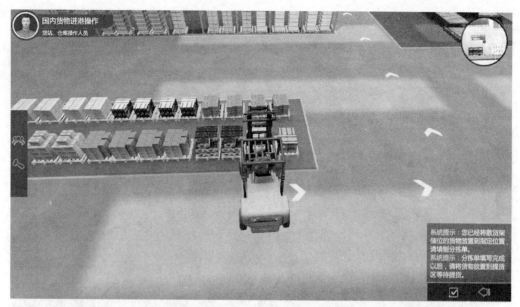

图 12 – 133　沿黄色箭头指示行驶

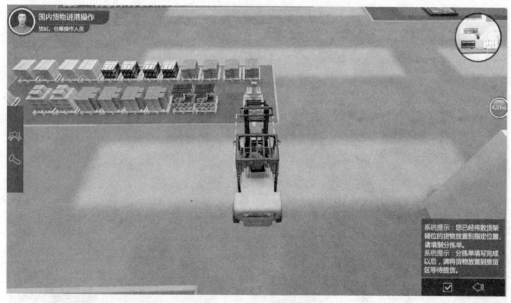

图 12 – 134　放置货物

　　等货物被叉车叉起后，地面上又出现黄色的箭头指示，参考右上角地图标示和黄色箭头指示，控制叉车到达指定区域，如图 12 – 135 所示。

　　等货物被放下来以后，地面上黄色的箭头指示消失，继续参考右上角地图提示，控制叉车回到原来的位置，如图 12 – 136 所示。

图 12 – 135　到达指定区域

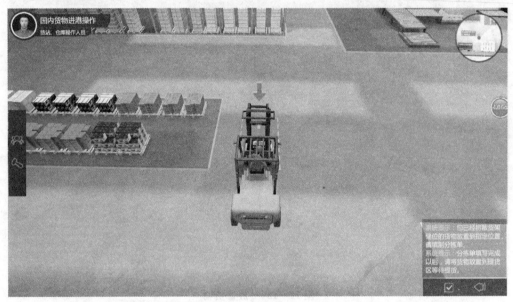

图 12 – 136　控制叉车

黑屏过渡后，出现如图 12 – 137 所示的场景，左下角弹出任务提示框，单击【确定】按钮，关闭任务提示框，弹出任务结束对话框，单击☑按钮，返回场景选择界面。

图 12 - 137   完成任务

12.4   思考题

1. 浅谈仓库在空港物流中的作用。
2. 浅谈提货操作的主要流程。
3. 简述空港物流仿真实训的基本流程。

本章小结

本章介绍了空港物流的相关背景知识，设计了关于空港物流的模拟仿真实验。通过本章的学习，学生能够加深对空港物流业务的理解与认识，能学习到空港物流的相关知识并加深理解。

参考文献

[1] 张莉，张占仓. 国内外三支点电动叉车的发展[J]. 工程机械与维修，2004（6）：63－65.

[2] 郑士源，姚祖洪. 国际干散货航运市场的评价[J]. 交通运输工程学报，2004（4）：88－92.

[3] 谢永当，韩春明. 叉车驾驶舱设计的人机工程学研究[J]. 中国科技信息，2010（2）：135－136.

[4] 冯梅，成耀荣. 钢铁企业仓库布局优化及物流量分配研究[J]. 武汉理工大学学报，2010（11）：126－129.

[5] 张贻弓，吴耀华. 基于并行拣选策略的自动拣选系统品项分配[J]. 计算机集成制造系统，2010（8）：1720－1725.

[6] 杨磊，刘会，谢晓飞，等. 基于指派问题的自动化仓库复合出入库作业优化[J]. 起重运输机械，2010（11）：20－24.

[7] 王慧. 基于 CRP 和 VMI 的快速消费品行业补货作业优化研究[J]. 物流技术，2014（2）：72－75.

[8] 雷晓卫. 叉车行业的历史、现状和发展趋势[J]. 叉车技术，2014（1）：1－5，16.

[9] 刘南星，刘婷，任亚男. 基于 WSN 的农产品仓储安全监控系统研究[J]. 安徽农业科学，2014（12）：3678－3680.

[10] 王晓伟，王芹，张贵彬. 基于流程程序图法的出库作业流程优化研究[J]. 河南科技，2014（10）：239.

[11] 魏华. 物资仓储安全管理控制措施分析[J]. 企业技术开发，2014（18）：149－150，152.

[12] 薛宇飞，陈雁. 服装入库作业的分析与仿真[J]. 纺织学报，2014（10）：146－149.

[13] 朱翠娟，郭淑清，霍俊爽. 基于 Arena 物流园区出入库作业仿真研究[J]. 综合运输，2014（11）：53－58.

[14] 常发亮，刘增晓，辛征，等. 自动化立体仓库拣选作业路径优化问题研究[J]. 系统工程理论与实践，2007（2）：139－143.

[15] 肖永清. 叉车技术的发展趋势[J]. 港口装卸，2007（2）：11－15.

[16] 王雄志，周丽虹. 配送中心补货作业问题的蚁群算法[J]. 暨南大学学报（自然

科学版），2007（3）：263－267.

［17］高红平．自动化立体仓库出库作业新方式[J]．现代零部件，2007（6）：50－52.

［18］魏飞，周燕飞．自动化仓库中复合出入库作业的优化[J]．起重运输机械，2007（7）：70－72.

［19］德马泰克（中国）．瑞士 SFS 采用多层穿梭车系统大幅提高出库作业效率[J]．物流技术与应用，2011（4）：56－57.

［20］朱江洪．物流园区仓库布局改善设计[J]．物流技术，2011（9）：131－134.

［21］李婷，胡庆东，张国英，等．电力物资仓库布局选址问题研究[J]．物流科技，2011（7）：62－65.

［22］谢富慧，刘文婷．棉花仓储安全体系构建研究[J]．中国棉花加工，2011（5）：27－29.

［23］朱建新，刘复平，朱俊霖，等．电动叉车势能回收液压系统工作效率分析与实验[J]．机械设计与研究，2011（6）：101－104.

［24］朱杰，周丽，郭键．分类存储人工拣选随机服务系统效率研究[J]．管理科学学报，2012（2）：59－71.

［25］卫良保，曾龙修．叉车车架有限元模态分析与结构改进[J]．工程机械，2012（3）：47－50，100.

［26］吴颖颖，吴耀华．基于并行拣选的自动拣选系统品项拆分优化[J]．计算机集成制造系统，2012（4）：821－826.

［27］郭嘉明，吕恩利，陆华忠，等．保鲜运输车果蔬堆码方式对温度场影响的数值模拟[J]．农业工程学报，2012（13）：231－236.

［28］林国龙，陈言诚．基于 CF 滤波的国际干散货航运市场周期性分析[J]．上海海事大学学报，2012（3）：69－74.

［29］汪鲁聪，刘美华，张连文，等．果品物流运输包装件堆码性能的实验研究[J]．包装工程，2012（19）：11－14.

［30］俞志东，周锡堂．化工危险品仓储安全管理分析[J]．广州化工，2012（21）：195－196，205.

［31］吴颖颖，吴耀华．基于并行拣选的自动拣选系统订单拆分优化[J]．计算机集成制造系统，2012（10）：2264－2272.

［32］王雄志，王国庆．配送中心补货作业问题的启发式算法[J]．系统工程理论与实践，2008（4）：50－56.

［33］黎浩东，何世伟，黄树森，等．随机仓库布局问题模型与算法研究[J]．物流科技，2008（7）：7－10.

［34］王军，王志伟．多层堆码包装系统冲击动力学特性研究（Ⅰ）：冲击谱[J]．振动与冲击，2008（8）：106－107，120，181.

［35］王军，王志伟．多层堆码包装系统冲击动力学特性研究（Ⅱ）：破损边界[J]．振动与冲击，2008（8）：108－109，181.

［36］杨学春，毛小芳，臧畅．某物流企业仓库布局及作业流程分析与改进［J］．合肥学院学报（自然科学版），2014（4）：86－91．

［37］王路露．光纤周界安防系统在物流仓储安全管理中的应用［J］．信息技术与信息化，2014（9）：141－143．

［38］楼海军，阚安康．货物堆码方式对海运冷藏集装箱内温度场分布的影响［J］．上海海事大学学报，2014（4）：55－58，74．

［39］殷明，郑士源，章强．航运金融市场价格传导及买卖价差的形成机制——基于干散货运输现货与衍生市场的实证分析［J］．上海金融，2015（2）：77－81．

［40］朱明哲．论王伯琦对法国学说的拣选与阐述［J］．清华法学，2015（2）：155－174．

［41］彭燕．基于 Flexsim 的冷冻肉类食品入库作业仿真研究［J］．物流技术，2015（6）：215－218．

［42］邓晔．物流仓储安全需求下的安防建设发展浅析［J］．中国安防，2015（11）：45－49．

［43］刘鹏飞．快运仓储成品入库作业优化及仿真技术应用［J］．物流技术，2015（8）：162－165．

［44］刘萍．物资仓储安全管理控制措施分析［J］．中小企业管理与科技（下旬刊），2015（6）：31－32．

［45］杨佳，赵春玲，计宏伟，等．塑料和钢塑复合包装桶高温堆码强度模拟［J］．包装工程，2015（15）：87－90，112．

［46］毕丽丽．基于 EIQ－ABC 方法的物流公司仓库布局优化［J］．物流技术，2015（20）：145－148．

［47］阮晓东．智慧粮仓确保粮食仓储安全［J］．新经济导刊，2015（11）：46－51．

［48］蔡敏，陈焕新，朱先锋．冷板冷藏车中货物堆码对其温度场的影响［J］．铁道科学与工程学报，2005（3）：78－82．

［49］陆林根．港口散货装卸运输自动控制系统［J］．起重运输机械，2005（1）：4－5．

［50］张文俊，卢庆龄，彭艳丽．基于 Anylogic 的器材仓库出库作业仿真优化研究［J］．中国物流与采购，2013（3）：74－75．

［51］王艳艳，吴耀华，吴颖颖．并行自动拣选系统品项拣选量拆分优化［J］．机械工程学报，2013（16）：177－184．

［52］蒋美仙，冯定忠，赵晏林，等．基于改进 Fishbone 的物流仓库布局优化［J］．系统工程理论与实践，2013（11）：2920－2929．

［53］周军，赵长友，刘战强，等．烟丝原料立体仓库堆垛机出入库作业优化研究［J］．计算机集成制造系统，2009（4）：772－776．

［54］王璐．国际干散货航运市场与世界经济的相关性［J］．水运管理，2009（8）：16－19．

［55］王雄志，王国庆．配送中心定向补货作业问题［J］．系统工程，2006（1）：48－52．

［56］周晓光，许晓燕．基于优先级表的自动化立体仓库出库作业调度研究［J］．起重运输机械，2006（4）：56－59．

［57］王磊，刘佳，李汐．我国港口危险品仓储安全管理问题研究［J］．物流技术，
      2015（22）：73－76.

［58］裘静．探讨港口危险品的仓储安全管理问题思考［J］．中国金属通报，2016（6）：
      61－62.

［59］范祥，叶春明，仝伟亮．新形势下我国危化品仓储安全问题研究［J］．物流科技，
      2016（10）：148－151.

［60］陈建平．仓储设备使用与维护［M］．北京：机械工业出版社，2011.

［61］王爱霞．商品堆码与理货技术［M］．北京：中国财富出版社，2011.